GOLDMAN

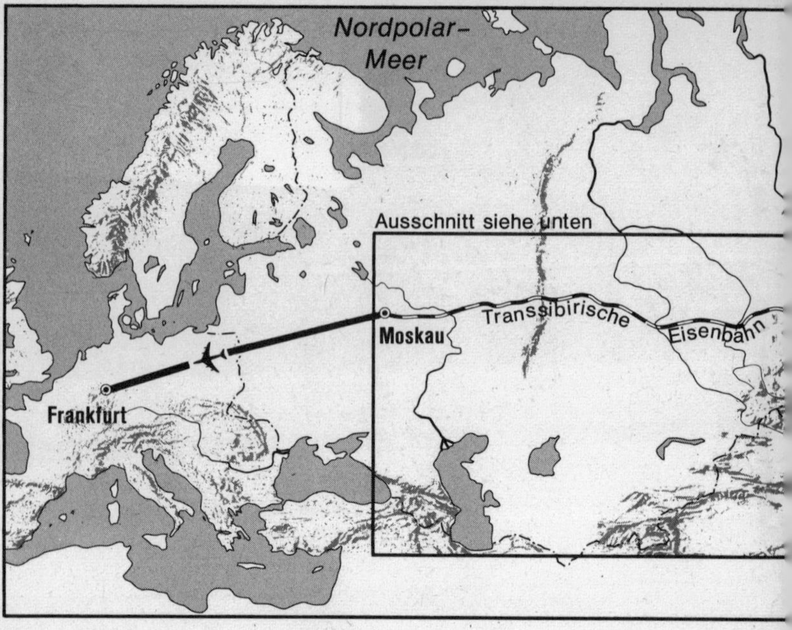
Nordpolar-
Meer
Ausschnitt siehe unten
Moskau
Transsibirische
Eisenbahn
Frankfurt

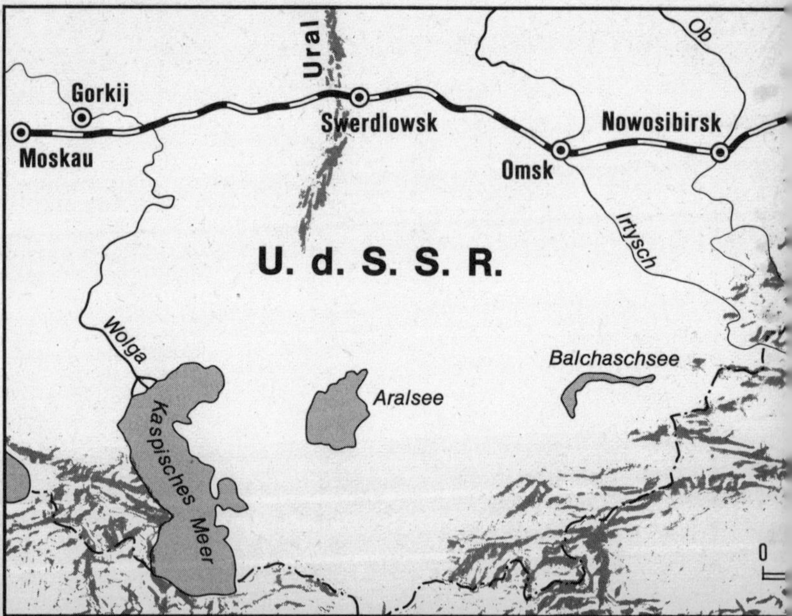
Ural
Gorkij
Moskau
Swerdlowsk
Ob
Nowosibirsk
Omsk
Irtysch
U. d. S. S. R.
Wolga
Kaspisches Meer
Aralsee
Balchaschsee

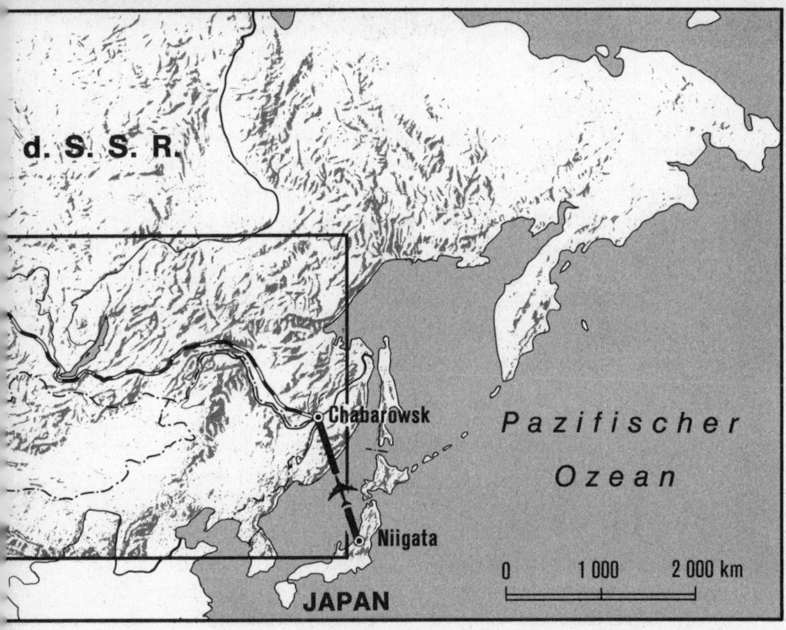
d. S. S. R.
Chabarowsk
Niigata
Pazifischer
Ozean
0
1 000
2 000 km
JAPAN

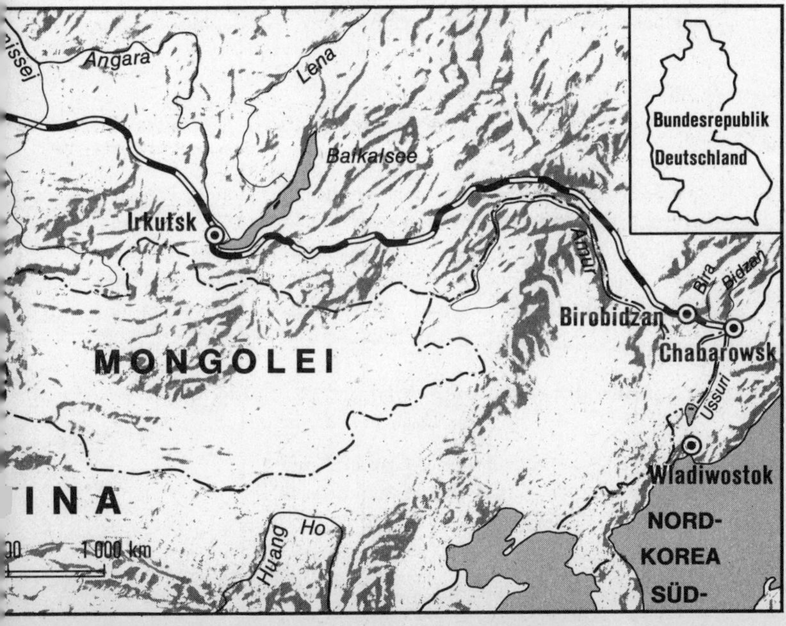
Angara
Lena
Baikalsee
Irkutsk
Amur
Bira
Bidzan
Birobidzan
Chabarowsk
Ussuri
Wladiwostok
MONGOLEI
INA
Huang
Ho
1 000 km
NORD-
KOREA
SÜD-
Bundesrepublik
Deutschland

Buch

»Das ist so eine Sache« sagt Hardy Krüger, »wenn sie dich ein Jahr lang in Moskau in ihren goldenen Käfig sperren, weil du einen Film für sie drehst, und Finchy meint, daß es Zeit ist für so eine Fahrt auf der Transsibirischen, mal nachsehen, wie die Leute wirklich sind, aber dann stirbt der Freund, und Jahre später sagt dann deine Frau zu dir, daß sie zwar Amerikanerin ist, und alles andere als ein Mann, aber auf so eine Fahrt quer durch das weite Land, da kommt sie gerne mit...«

Die beiden machen sich also auf, das Abenteuer Transsibirische Eisenbahn, das Abenteuer Sowjetunion zu erleben – von Chabarowsk nach Moskau, zehntausend Kilometer durch den Kontinent Sibirien. Hardy Krüger hat sich gut vorbereitet auf diese Reise, so daß er die geschichtlichen Zusammenhänge mit den aktuellen Gegebenheiten, auf die er und seine Frau treffen, in Beziehung setzen kann. Auch die sowjetische Verfassung hat er im Gepäck, und der Vergleich zwischen dem geschriebenen Wort und der anzutreffenden Realität gibt ihm Stoff genug zur Nachdenklichkeit.

Er hat Tagebuch geführt, und sein persönlicher, auch bekenntnishafter Bericht zeigt in den Beschreibungen seiner Begegnungen mit den Menschen die Sowjetunion in ihrer Größe und in ihrem Versagen.

Autor

Hardy Krüger, in Berlin geboren, hat eigentlich immer schreiben wollen, aber weil ihn anfangs keiner druckte, ist er »eben zum Theater gegangen«. Elf Jahre lang ist er dabeigewesen, als Statist, bei einer Wanderbühne und später dann auf den großen Bühnen. Seine Karriere führte über London und Paris nach Hollywood und Moskau.

Außer dem vorliegenden Band sind von Hardy Krüger als Goldmann Taschenbücher lieferbar:

Die Frau des Griechen. (6459)
Eine Farm in Afrika. (6610)
Junge Unrast. Roman. (8375)

Hardy Krüger

SIBIRIENFAHRT

Tagebuch einer Reise

GOLDMANN VERLAG

FÜR PETER FINCH,
meinen Freund,
der mir sehr fehlt.

Made in Germany · 9/87 · 1. Auflage
Genehmigte Taschenbuchausgabe

Umschlaggestaltung: Design Team München
Umschlagfoto: Masterfile-ZEFA, D. Hannaford, München
Karte: L. Meier/Ch. Elsner
Druck: Pressedruck, Augsburg
Verlagsnummer: 8843
UK/Herstellung: Heidrun Nawrot
ISBN 3-442-08843-7

NIIGATA. JAPAN ———— 4. JULI. MONTAG

Das Wasser fällt seit Stunden schon vom Himmel. Der Frau da vor mir macht das nicht viel aus. An ihrem Rücken kann ich jedoch sehen, daß sie nicht wirklich unbekümmert ist. Sie geht aufrecht, hält dem Regen ihr Gesicht entgegen. Manchmal bückt sie sich unter Regenschirmen durch, sucht nach den Gesichtern unter diesen schwarzen Kreisen. Doch die Gesichter der Japaner sind der Fremden an diesem Regentag verwehrt. Schwarze Schirme bieten Schutz vor unerwünschten Blicken, werden zur Springflut, lassen schwarze Wellen durch die enge Gasse fluten.

Am Hafen gibt es keine Menschen mehr. Durch einen finsteren Himmel zucken Blitze. Der Blick aufs Meer hört schon nach hundert Metern auf. Die Frau starrt in die Finsternis, als könne sie das andere Ufer sehen.

»Sag mal ernsthaft«, meint sie dann, »willst du wirklich rüber auf die andere Seite? Nach Sibirien?«

Ich nicke. »Sibirien - Ural - Moskau. Vielleicht auch Leningrad.«

»Verstehe«, sagt sie. »Und ich nehme an, daß du an diesem Plan auch niemanden mehr wackeln läßt?«

»Nein, Luv, versuch's nicht erst.«

»Und du glaubst, wir kommen auf der anderen Seite heil da wieder raus?«

»Verlaß dich drauf.«

»Fühl mal den Regen an«, sagt sie. »Warm. Freundlich.

In Japan kannst du durch diesen freundlichen Regen laufen und im Hafen auf so ein Schiff klettern und zu dem Kapitän sagen: Wo fahren Sie hin, nach Bora Bora? Na, dann verkaufen Sie mir mal so einen Fahrschein . . . Sibirien hingegen . . . In dem Wort klirrt Kälte. Wirklich wahr, du wirst schon sehen. Ein Sibirier, der was auf sich hält, läuft nie im Leben durch so einen Regen, weil er ja weiß, daß er mitten drin erstarrt.«

»Erstarrt?«

Sie nickt. »Erst die Füße. Und dann der ganze Mann.«

»Warum erstarren ihm die Füße?«

»Weil sie festfrieren in dem Eis am Boden.«

»Auch im Juli?«

»Ja«, sagt sie. »Im Juli auch.« Und lacht. Der Regen läuft wie Tränen durch ihr Lachen.

In der Nacht liegen wir auf unseren Matten und trinken herben, roten Wein. Hinter den Fenstern aus Reispapier fällt der Dauerregen in krüppelige kleine Bäume.

Wenn ich mir's jetzt so überlege, ist diese Sibirienfahrt auch wieder eine von diesen Sachen, die mit Finchy angefangen haben. Ich seh ihn noch da bei Fernando sitzen. Sie hatten die Jalousien im Büro runtergelassen, denn es ist so ein heller Tag gewesen, der dir in die Augen beißt, und Finchy hat nur ganz selten mal was sagen müssen, weil Fernando das ganze Reden für ihn übernommen hat.

»Caro Hardyno, ich will dir nichts vormachen, das wird ein langer Film, denn die Russen lassen sich beim Drehen sehr viel Zeit. Perche? Weil sie viel davon haben. Zeit ist bei denen ja kein Geld. In dem Land da nicht. Weil sie ja alle von dem einzigen Kapitalisten angestellt sind, den die Sowjetunion zuläßt: von ihrem eigenen Staat! Ma, e cosi!

Und da nehmen sich die Genossen eben mal ein Jährchen für so einen Film. Und vielleicht noch ein halbes. Incredibile, io so, ma . . . was macht's schon aus?«

»Aber es wird gut bezahlt«, sagte Finchy. »In Dollar.«

»Ma certamente in Dollari«, sagte Fernando, „und ich will dir mal sagen, was dein Finchy hier ist: ein filio d'una putana, und warum? Weil wir ihm die beste Rolle seines Lebens bieten, aber was sagt er? Was glaubst du? Er will nur nach Moskau gehen, wenn du mitgehst, ohne einen Freund in seiner Nähe hält er es da nicht aus.«

»Weißt du«, sagte Finchy, »die Rolle, die sie für dich haben, ist aber eigentlich auch ganz gut.«

Fernando hat gelacht, und ich erinnere mich, wie er sich an dem Lachen verschluckt hat, und aus seinen Nasenlöchern ist der Zigarettenrauch gekommen. Dann sind wir essen gegangen, in so eine Trattoria an der Piazza Navona, und Finchy hat gesagt, daß ich bloß nicht lange reden soll, sondern lieber mitkommen nach Moskau. Erst mal nach Moskau und den Film machen, und wenn wir damit fertig sind, dann weiter auf Sibirienfahrt, mal sehen, wie's am anderen Ende von dem Land so aussieht.

Ich weiß noch, daß ich gesagt habe, Moskau ja, Moskau ist gut, aber aus der Sibirienfahrt wird nie im Leben was, weil ein Zigeuner wie du so einen Plan auch wieder schnell beiseite schiebt. Hör mal Krug, hat er gemeint, das sind harte Worte, und aus der Bahnfahrt wird ganz sicher was, es sei denn, ein act of god tritt vorher ein, aber selbst bei dem Leben, das wir führen, wird uns der große Blitz schon so schnell nicht treffen.

Wir liegen auf unseren Matten und trinken diesen herben Wein, und ich sage: »Weißt du, Luv, damals . . . die Russen haben uns in einen goldenen Käfig gesperrt. In das Sowjetskaja. Ein Gästehaus für Bonzen ist das gewesen und für Delegationen aus den Bundesländern. Mehr Luxus gibt es nirgends auf der Welt. Glaub das nur. Zu meiner Wohnung bist du eine Marmortreppe hochgestiegen. Schneeweiß. Die Badezimmer auch. Zwei Badezimmer. Und wirklich wahr aus Marmor. Im Schlafzimmer hing ein Ölbild über meinem Bett: Ein Schlachtschiff mit roter Fahne stampft wütend durch eine rauhe See.«

»Unglaublich«, sagt Luv. »Und weiter?«

»In dem einen Zimmer war eine Bibliothek. Die Bücher konnte ich nicht lesen, weil sie in Russisch waren, und die Wand neben den Büchern hatten sie mit Saffianleder ausgeschlagen. Dunkelgrün.«

Luv richtet sich auf.

»Ist so was denkbar?«

»Ja«, sage ich. »Denkbar. In so einer klassenlosen Gesellschaft gibt es für ein paar Auserwählte eine ganze Menge reiches Leben. Mein Wohnzimmer war 'ne Andeutung von Tanzsaal. Mit einem Kristallüster an der Decke. Ein Riesending. Finchy und ich haben uns manchmal drangehängt. Zum Schaukeln.«

»Herrlich«, sagt sie, weil sie mein Gesicht nicht sehen kann, aber dann sieht sie mich an und sagt: »Scheint so, als würdest du ihn sehr vermissen.«

»Ja«, sage ich. »Obgleich . . . Es ist ja doch schon etwas her, daß er gestorben ist. Weiß gar nicht mal, wie viele Jahre. Die Sibiriensache hatten wir schon lange aufgegeben. Genau gesagt, Finchy hat sie vergessen, und ich hab mir gedacht, für so was bleibt ja noch viel Zeit.«

Ich rolle mich auf den Bauch. Die Matte ist hart. Luv wartet.

»Dann kam der neue Plan. Hollywood. War besser, wieder zurückzugehen. Weil es da mehr Arbeit für uns gab. Finchy ist schon vor mir hingezogen. Und hat geschrieben, daß ich mich beeilen soll. Weil es sich gut leben läßt in Kalifornien.«

Ich streiche über das stille Gesicht der Frau und höre Finchys Lachen und sage: »Doch dann ist er gestorben. Im Beverly Hills Hotel. Er ist in die Polo Lounge gegangen und hat sich in einen Sessel gesetzt und ist zusammengesackt.«

Wir hören dem Regen zu.

»Wenn du bedenkst«, sage ich, »ganz still hat er sich davongemacht. Die Leute haben eine ganze Weile lang gar nicht gemerkt, daß er sich davongemacht hatte.«

Luv sagt: »Wenn wir irgendwann nach Moskau kommen, dann wird dir die Stadt wohl ziemlich fremd vorkommen ohne ihn?«

Und ich sage: »Ja, sicher wird das so sein.«

Ich kann es einfach nicht in meinen Kopf reinkriegen, daß Finchy nie wieder durch irgend so eine Tür da kommen wird, und dann erzähle ich ihr von den Mikrofonen im Sowjetskaja. Hinter dem Heizkörper. Unter dem Vertiko. Kein bißchen anders als in meinen frühen Jahren. Als ich noch ein kleiner Junge war. In der Nazizeit.

Eine von diesen Wanzen hatten sie im Lüster versteckt. Zwischen den Kristallen. Das ist ein großer Spaß geworden, denn hinten am Roten Platz war das Gum, dieses Warenhaus, und da gab es Schraubenzieher zu kaufen, und ich hab das Mikrofon rausgeschraubt. Dann hab ich die anderen Dinger rausmontiert und alles mitten auf den Tisch gelegt, und du mußt eigentlich annehmen, daß der Geheimdienst da eine große Sache draus macht, aber nichts haben die daraus gemacht. Sie haben ganz einfach alles wieder reingeschraubt. Wirklich wahr, jedes Ding an seine alte Stelle! Eine Woche lang haben wir uns diesen Spaß gemacht, ich schraub sie raus, und die schrauben sie wieder rein, aber dann ist die Sache langweilig geworden, und ich hab mich daran gewöhnt, mit diesen Wanzen zu leben. Manchmal denke ich, daß diese Dinger gar nicht da sind, um dich abzuhören. Weißt du, warum so eine Wanze in dem Lüster hängt? Damit du deine Angst ja niemals verlierst vor diesem Staat.«

Meine Hand schiebt das leere Glas auf der Matte in einem großen Kreis herum. Ich sehe der Hand eine Weile dabei zu.

»Doch die Sache hat auch ihr Gutes«, sage ich dann. »Weil du den Leuten durch die Wanzen sagen kannst, was du von ihnen hältst. Wir haben uns unter den Lüster gestellt und in die Wanze reingeredet: ›Weißt du, mir gefällt das ja unglaublich gut in der Sowjetunion, und am liebsten würd' ich mir ja auch 'ne Wohnung kaufen auf dem Marx Prospekt, wenn's hier Wohnungen zu kaufen gäbe, aber eine Sache gefällt mir ganz und gar nicht in der Sowjetunion, und das ist, daß sie uns beide immer schon um acht ins Atelier bestellen, wo sie doch genau wissen, daß in diesem Land die Leute nachts so viel trinken, daß sie am nächsten Morgen vor elf Uhr gar nicht klar denken können!‹«

Luv lacht und rollt sich auf den Rücken. »Und dann?«

»Am nächsten Tag ist der erste Assistent gekommen und hat gesagt: ›Fintschy . . . Charrrdy . . . ab morrrgen kommt errscht um elf auf Arrrbeit, karrascho?‹«

Luv schüttelt den Kopf.

»Wie wird das mit uns?« sagt sie dann. »Ob sie uns wohl auch bespitzeln werden?«

»Ganz sicher. Es gehört zum System, verstehst du? Manchmal denke ich, die Menschen sind daran gewöhnt, weil das schon bei den Zaren so gewesen ist. Der Staat hält sich Millionen Spitzel. In den Fabriken. In den Büros. Taxifahrer sind beim KGB, Frauen, die Brot verkaufen in den Bäckereien. Und in den Hotels, paß nur auf, da sitzen sie auf allen Etagen. Das sind Frauen, die dir deinen Schlüssel geben. An denen kommt keiner vorbei. Zu jeder Stunde wissen die, wer rein und raus geht aus den Zimmern, und in den Mietshäusern ist das ganz besonders schlimm. In so einem Wohnblock gibt's immer einen von der Partei. Oder vom Staatssicherheitsdienst. Der paßt auf alle Mieter auf. Und in jeder Straße haben sie einen abgestellt, der auf die Aufpasser aufpaßt.«

»Schlimm«, sagt Luv. »Wer ständig wissen will, was das Volk denkt, der kann sich seiner Sache eigentlich nicht so sicher sein.«

»Das ist wahr«, sage ich. »Und in meiner Erinnerung gibt es dazu Parallelen. In meiner Kindheit ist es so gewesen: Verdächtige und ihre Bewacher. Mit einer dünnen Trennungslinie. Weil sich ja auch die Bewacher im Lauf der Zeit verdächtig machen.«

»Wenn du das alles schon mal erlebt hast«, sagt Luv lächelnd, »warum willst du denn da unbedingt noch einmal hin?«

»Zwei Sachen«, sage ich. »Die eine Sache ist der goldene Käfig. Ich will mal sehen, wie das Leben in dem Land da wirklich ist, wenn du raus bist aus dem Käfig.«

»Und die zweite Sache?«

»Die Eisenbahn. Das ist noch so eins der letzten Abenteuer. Einmal im Leben muß man da drauf. Auf die Transsibirische Eisenbahn.«

»Besonders als Frau«, sagt Luv. »Was macht um Himmels willen eine Frau mit ihrem Leben, wenn sie da niemals draufgewesen ist . . . auf so 'ner Eisenbahn?«

5. JULI. DIENSTAG

Das Flugzeug, das uns an die sibirische Küste bringt, ist ein japanisches. Wir sind die einzigen »westlichen« Gesichter. Russen gibt es nicht an Bord.

Während der ersten Stunde ist es dunkel vor den Fenstern. Wir fliegen durch Gewitterwolken. Die Passagiere lärmen, singen, lachen. Manchmal sackt die Maschine in der Turbulenz ächzend tief dem Meer entgegen. Dann sind die Leute für ein paar Minuten still. Ich frage den Steward, wo seine Landsleute hinwollen. »Nach Taschkent«, sagt er. »Billig Ferien machen.«

Über dem Kontinent reißt die Wolkendecke auf. Querab ergießt sich ein gewaltiger Fluß ins Meer: der Amur. Sein braunes Wasser schafft sich einen Platz im Ozean. Hinter dem Fluß beginnt das flache Land, streckt sich hin und weiter hin und verliert sich dann im Dunst des Himmels. Eine grelle Sonne schafft abstrakte Bilder: Flüsse malen braune Kringel in das Wasserleuchten stiller Sümpfe. Birken sprenkeln helle Tupfer in das weite Grün der Wiesen. Und Wälder machen zu allem ihren Rahmen.

Nach einer halben Stunde kommt dann mal ein Haus am Fluß. Mit einem Boot beim Steg. Keine Straße führt dorthin. Dann, nach langer Zeit, die Stadt am breiten Fluß. Fabriken pusten giftigdunkle Wolken in den Sommerhimmel. Und schließlich eine Landebahn: Chabarowsk.

Die Japaner lärmen die Bordtreppe nach unten und bleiben in der grellen Sonne wartend stehen. Am Ende des Asphalts, der heiß durch unsere Sohlen brennt, steht Lenin. In dem Paletot, den er auf fast allen Bildern trägt. Hinter dem Gründer der Nation steht ein kleiner Palast aus anderen Tagen. Farbe bröckelt ab. Gras wächst auf der Terrasse. Feste sind hier mal gefeiert worden. Tänze wurden hier getanzt. Und einen Park hat es ringsum einmal gegeben. Jetzt haben sie eine Ankunftshalle aus dem kleinen Schloß gemacht.

Lenin streckt uns eine Hand entgegen. Unter ihm, am Sockel, lehnt ein Schild: LUFTWEGE SIND WEGE DES FRIEDENS. Ein Japaner stellt seine Frau davor in Positur, doch ein Soldat hält ihm die Hand vors Objektiv: »Njet.« Der Japaner sieht ihn an. Sein Mund steht offen.

»Warum?« fragt Luv.

»Es ist ein Flugplatz«, sagt der japanischer Steward. »Und da verstehen die Sowjets keinen Spaß.« Er kramt in seinem Bordkoffer und findet ein bedrucktes Heft. »Hier, nehmen Sie. ›Vorschriften der Sowjetunion für den Besucher‹. Wenn Sie das Land überleben wollen, halten Sie sich besser daran.« Er verdreht die Augen zum Himmel. »Das Fotografieren und Filmen, auch das Zeichnen der folgenden Anlagen ist verboten: Militärische Waffen und Ausrüstungen, Anlagen militärischen Charakters, Häfen, Wasserkraftwerke, Eisenbahnkreuzungen, Tunnel, Eisenbahn- und Straßenbrücken, Industrieunternehmen, wissenschaftliche Institute, Zeichenbüros, Laboratorien, Telefonvermittlungen . . .«

Ich schüttle den Kopf. Der Steward zieht die Augenbrauen hoch. Er will mein Kopfschütteln nicht wiederholen.

»Das Schönste steht am Schluß«, sagt er dann. »›Intourist hofft, daß Sie viele interessante Fotos und Filme als Erinnerung an Ihren Besuch in der Sowjetunion mit nach Hause bringen werden.‹«

Wir lachen. Die Soldaten sehen zu uns her.

Bis zur Ankunftshalle sind es so an die dreißig Schritte. Wir tauchen in das dunkle Schweigen eines langgestreckten Raumes. An allen Türen stehen Wachen. Jung. Groß. Sauberes Tuch. Blitzende Knöpfe. In den Gesichtern ist kein Leben. Köpfe aus Stein. Ich winke eine Art von ›Guten Morgen‹ in den Raum. Die Soldaten sehen mich verwundert an. Abweisend. Strafend. Die Japaner verlieren ihre Fröhlichkeit. Verzagt setzen sie sich auf die schmalen Bänke. Still.

Warten in Schweigen. Das lastet schwer. Und setzt sich zwischen meine Schulterblätter. Wie Schmerz. Wie Angst.

Die Halle sieht wie Wedgewood aus. Weißer Gips an blauen Wänden. Mit einem Stand aus Glas davor. Das Glas ist weiß gespritzt. Von den Russen in dem Stand kann ich nur die Hände sehen. Ich bücke mich und sehe durch den Spalt im Glas und sage mir, daß die Kerle sich was dabei denken, wenn sie so lange schweigen. Dann klopfe ich an die Scheibe. Die Soldaten geben sich den Anschein, als hätten sie das nicht bemerkt.

Nach einer Weile beugt der eine sein Gesicht zum Spalt hin. »Verheiratet? Sie beide?«

»Ja. Warum?«

»Die Frau . . . aus Amerika . . .«

»Na und?«

»Sie aber . . . Deutscher . . .« Der schiefgelegte Kopf bleibt unbewegt.

»Geben Sie mir die Pässe«, sage ich.

Zwei kleine Bücher werden quälend langsam über unseren Fotos zugeklappt.

ÜBERSCHREITEN EINER GRENZE

Der Mann vom Zoll hat ziemlich dicke Hände. Er wühlt jeden Koffer durch, und als er Frauenwäsche findet, hält er sie lange gegens Licht. Das macht mich ziemlich ärgerlich, aber dann sage ich mir, daß wir das in Nizza auch schon mal gehabt haben, und der Franzose ist damals nicht besser gewesen als dieser Russe hier.

Als der Mann meine Schreibmaschine sieht, nimmt die Sache neue Ausmaße an, weil er das Ding mißtrauisch hin und her dreht, und ich ihm erklären muß, daß er sich keine großen Sorgen machen soll, denn es ist wirklich eine Schreibmaschine, was ganz neues, aber doch nur zum Schreiben da.

Er sieht zu mir hoch und nimmt sich ziemlich lange Zeit damit, und ich sage mir, daß ich seine Gedanken mitdenken kann, und zwar fehlerfrei: 'ne Schreibmaschine ... Nur fünf Zentimeter dick ... Und außerdem so gut wie kein Gewicht ... Höchstens drei Pfund ... Ein Bildfenster in der Mitte da ... Und alles elektronisch ... Macht beim Tippen keinen Ton ... Also was soll das sein? Wirklich nur 'ne Schreibmaschine? Und diese Kamera mit den vielen Objektiven ... Das winzig kleine Radio ... Und die Armbanduhr mit einem Kompaß dran ...

»Wissen Sie, das sieht nach ziemlich viel Kram aus, aber ich brauche das alles«, sage ich zu ihm.

»Wirklich?« sagt er. »Alle diese Sachen?«

»Ja«, sage ich. »Alles.«

»Na schön«, sagt der Mann, und sein Englisch ist genausogut wie sein Deutsch, »aber mir wär das zum Rumschleppen zu viel.« Dann schüttelt er den Kopf und lacht und drückt seinen Stempel auf ein Stück Papier. Am Schluß macht er noch so eine Bewegung mit der Hand, wie einer, der uns in sein Land reinwinken will.

»Weißt du«, sage ich zu Luv, »das mit dem ersten Eindruck, und daß der immer der richtige sein soll . . . Ich halte das für'n großes Ammenmärchen.«

»Möglich«, sagt sie. »Aber die Leute da geben dir nicht den Eindruck, daß du hier willkommen bist.«

»Trotzdem«, sage ich. »Der Zöllner hätte sagen können: ›Erster Eindruck, Spion, und auf so einen ersten Eindruck kann man sich getrost verlassen.‹«

AMUR

Wir sitzen über dem breiten Fluß und sehen Kindern zu, die in dem braunen Wasser schwimmen. Die Mütter liegen neben der Straße im Sand. Sie haben ihre Kleider ausgezogen. Träge liegen sie da in ihrer Unterwäsche, gewichtige Frauen mit schweren Brüsten.

Am anderen Ufer des Flusses beginnt die Steppe. Weit hinten steigen zwei Berge aus dem flachen Land. Das ist schon die Mongolei.

»Der andere Fluß da«, sage ich zu Luv, »der Ussuri, trennt die Sowjetunion von China. Das ist ein breiter Fluß, breiter als der Mississippi, und hier unten fließt er in den Amur, aber da hinten ist er die Grenze. Sie haben sich beschossen am Ussuri, die Rotarmisten und die Chinesen,

1969, und es hat fast so ausgesehen, als würde daraus der erste kommunistische Bruderkrieg der Weltgeschichte werden.«

Luv will wissen, warum sich die kommunistischen Brüder denn beschossen haben, und ich sage, die Chinesen haben damals den Ussuri überqueren wollen. Warum? Weil dahinter ein Vakuum ist. Und so ein Vakuum erzeugt bekanntlich 'ne Menge Anziehungskraft. Du mußt das so sehen: In den Augen der Chinesen haben die Sowjets das riesige Becken von Amur und Ussuri bis zum heutigen Tage nie so recht bevölkert. Also: Ein Vakuum ist entstanden, und die Chinesen fühlen sich davon angezogen. Wegen der Bevölkerungsexplosion im eigenen Land. Wegen der gewaltigen Bodenschätze am Ussuri. Und sie sagen, daß ihr Anspruch zu Recht besteht, und nehmen Beweise aus der Geschichte her: Am Anfang aller Tage lebten in dem Gebiet Mongolen. Dann, so um 1650 rum, ist ein Eroberer namens Erojef Pavlovitsch Chabarow mit seinen Kosakenhorden über das Land am Amur hergefallen und hat sich die Stämme, die dort lebten, unterworfen. Brutal. Grausam. Später haben die Chinesen zurückgeschlagen und die Russen wieder aus dem Land gejagt, und die nächsten zweihundert Jahre hatten die Mongolenstämme Ruhe. Doch dann sind die Kosaken zurückgekommen. Mit einer gewaltigen Truppe. Ein Graf, der Murajew hieß und der sich in Petersburg einen schlechten Namen gemacht hatte und in die Wüste geschickt worden war, hat mit seinen Kosaken-Söldnern die Chinesen in einen Krieg verwickelt, von dem der Zar in St. Petersburg gar nichts wußte. Jedenfalls nicht bis zu dem Tag, als Graf Murajew die letzte Schlacht gewonnen hatte und das ganze Gebiet seinem Herrscher zum Geschenk machen konnte. 1858 ist das gewesen, und das chinesische Reich hat die Abtretung dieses Teils von Sibirien auch vertraglich zugestehen müssen, doch das neue China hat die Verträge aus dem letzten Jahrhundert niemals anerkannt. Im Gegenteil, die Rotchinesen wollen in das Vakuum zurück.

DIE FLEDERMAUS

Die Fassade vom INTOURIST reckt sich weit über so ein paar Backsteinhäuser zum Himmel hinauf. Ich denke, daß sie aussieht wie die Fassaden da in Ost-Berlin. Modernistisch. Falsch verstandene Einfachheit, weil sie nicht einfach ist. Nur nützlich. Häßlich. Und schon alt aussieht, bevor noch Zeit war, alt zu werden.

Im Eingang steht eine dicke Frau im Sommerkleid. Sie zieht die Augenbrauen hoch. »Wir haben Sie gesucht. Wo sind Sie nur gewesen?«

»Ihr Englisch ist sehr gut«, sagt Luv. »Wir sind herumgewandert.«

Das Gesicht der Frau wird lang. »Das geht aber nicht! Ohne Fremdenführer geht das nicht.«

»Wenn Sie das so sagen«, lacht Luv, »dann fühlt sich das an, wie Kind sein. Wirklich wahr. Wie Schule schwänzen.«

Die Frau sieht jetzt aus, als wäre sie mit sich zufrieden, weil sie ja die Fremden wieder aufgestöbert hat. »Sie gehen jetzt auf Ihr Zimmer und ruhen sich aus. Um sieben ist Theater. Der Bus geht viertel vor.«

»Was gibt's denn?«

»Die Fledermaus.«

»O Gott . . .«, sage ich.

»O Gott, ja«, sagt Luv, »man kann sie gar nicht oft genug sehen . . .«

Die Frau hält uns unseren Zimmerschlüssel hin. »Gehen Sie jetzt auf Ihr Zimmer.«

»Nein«, sagt Luv. »Wir gehen runter zu den Jungs da auf der Asphaltstraße. Sie laufen Rollschuh. Aber auf dünnen Kufen.«

Die Frau nickt. »Mit kleinen Rollen unter diesen Kufen.«

»Wie Eisschnelläufer sieht das aus, mit diesen Armbewegungen . . .«

»Ja«, bestätigt die Frau mit dem Zimmerschlüssel. »Das sind unsere Eislangläufer. Den ganzen Sommer über wird trainiert.«

»Viele sind das«, sage ich. »Vierzig Jungens, oder fünfzig.«

Die Frau nickt. »Überall trainieren sie. Überall in der Sowjetunion.« Dann nickt sie noch einmal, und ich sehe zu, wie ihr Gesicht ganz hell wird. »Glauben Sie mir«, sagt die Frau, »wir sind vorbereitet auf Los Angeles, auf Ihre Olympiade!«

Die Luft im Theater von Chabarowsk ist eine Wand aus Schweißgeruch. Im Parkett sitzen fast nur Frauen. Ihre Sommerkleider malen alles bunt, und wenn eine Arie zum letzten Ton kommt, klatschen sie hart und knallend in ihre Hände, und keiner fragt sich, ob so ein Sänger nun gut war oder auch nicht ganz so gut.

»Laß uns gehn«, flüstert Luv. »Das richtig Große auf dieser Reise wird bestimmt das Bolschoj oder das Kirow, aber das hier ist doch ziemlich schrecklich, und ich halte jede Wette, daß du ganz schön leidest.«

Wir laufen an die frische Luft. Der Himmel ist noch hell. Wir schlendern durch die Straßen. Luv sagt, daß es hübsch ist, wie die Mädchen hier auf und ab flanieren, und daß sie diese selbstgemachten Sommerkleider anhaben, aber ihre Schuhe sehen aus, als stammten sie aus Italien.

»Das ist neu«, sage ich. »Damals hat es das noch nicht gegeben. Da waren alle noch einheitlich dumpf angezogen. Grau oder braun. Und Schuhe mit hohen Absätzen, so dünn wie diese da, die haben sie als ›dekadent‹ angeprangert. Oder als ›burshuj‹, bürgerlich. Dekadent war schlimmer.«

Manchmal müssen die Mädchen stehenbleiben, um Autos durchzulassen, und es fällt mir auf, wie viele Autos es jetzt gibt. Damals hat es überhaupt keine privaten Autos gegeben, aber jetzt gibt es schon viele davon, und sie sind ziemlich häßlich, aber wenigstens in hellen Farben angemalt.

»Hast du gemerkt«, sagt Luv, »es gibt überhaupt keine jungen Leute, die so ein Auto fahren. Nur Familien. Vater lenkt, Mutter sitzt daneben und die Kinder hocken hinten, und alle zusammen machen sie ganz ernste Gesichter.«

»Diese Autos sehen nach nichts aus«, sage ich, »aber trotzdem . . . Wer sich so was leisten will, muß ganz schön Geld haben.«

»Die Löhne sind ja hier auch ziemlich hoch. Wer nach Sibirien zieht, wo's doch nur einen kurzen Sommer gibt und nichts als harte Arbeit, der wird doppelt hoch bezahlt.«

Die Häuser stehen hinter Bäumen und sind wie Steine aus einem Baukasten. Langgestreckte Blöcke. Ziegelbauten. Und Mietshäuser aus vorfabrizierten Betonplatten.

Vier Etagen hoch. Die Dächer sind fast immer flach. An den Hauswänden stehen Soldaten in dunklen Uniformen. Überall. Hunderte. Sie haben ihre Mützen weit ins Genick zurückgeschoben. Die Hände stecken tief in ihren Taschen, und es kommt kaum mal vor, daß einer zu den Mädchen hinsieht. Kinder laufen still neben ihren Müttern her, und auch die Erwachsenen sprechen nur ganz leise miteinander. Nur selten lacht mal einer. Und auch dann nie so richtig laut. Aber an den Gesichtern kannst du sehen, daß die Leute hier zufrieden sind. Niemand hastet. Keiner drängt an anderen vorbei. Das sieht wie Feierabend aus. Fast friedlich. Doch die vielen Uniformen erinnern nicht an Frieden.

Als der Himmel dunkler werden will, findet Luv eine Bank im Park. Neben dem Standbild eines Kosaken.

»Die Leute in dem Theater da . . .«, sagt sie. »Die Aufführung war schrecklich, wie von einer Sommerbühne manchmal bei uns in den Staaten, aber die Leute haben nicht aufgehört mit ihrer Klatscherei. Warum nur?«

»Möglich, daß die Russen wie die Sachsen sind«, sage ich.

»Wie meinst du das?«

»Weißt du, da ist mal ein Handlungsreisender nach Sachsen gekommen, in so eine kleine Stadt, und da gab es einen Tenor, der das hohe C kaum erwischen konnte, aber die Leute haben getrampelt vor Begeisterung und immer nur ›Bravo! Bravo!‹ geschrien.«

»Und?«

»Immer wieder hat der arme Kerl die Arie singen müssen. Beim drittenmal ist nur noch heiße Luft aus seiner Kehle rausgekommen, aber die Leute sind auf ihre Sitze gesprungen und haben gerufen: ›Da capo! . . . Da capo!‹, und da hat der Handlungsreisende seinen Nachbarn ganz verwirrt gefragt: ›Sagen Sie mal, finden Sie den Sänger denn wirklich so gut?‹, und der Sachse hat über die Begeisterungsschreie hinweg zurückgebrüllt: ›Im Geschendeil . . . den machn mir heute fertsch!‹«

Luv schüttelt den Kopf. Ich sehe einer Möwe auf dem Denkmal zu. »Das mit dem Guano jedenfalls«, sage ich, »das ist hier genau wie anderswo.«

»Was meinst du?«

»Die Möwen da oben auf der schwarzen Mütze dieses wilden Kosaken. Die lagern da ihr Guano ab ganz genau wie anderswo.«

MOSAIK DER ERSTEN STUNDEN

Das Hotel Intourist steht nah am Fluß. Der Tag hat eben erst begonnen, aber er schickt schon ziemlich warme Luft durchs Fenster. Der Hafen ist seit langem wach. Schlepper dampfen hinter langen Kähnen her. Sie bugsieren die tief beladenen Schiffe nicht den Strom hinauf, wie das auf anderen Flüssen geht. Auf dem Amur schieben Schlepper ihre Lasten vor sich her.

Unser Zimmer ist mit Sperrholzmöbeln eingerichtet, mit diesen Einheitssachen für Hotels aus Finnland. Im Badezimmer fehlen eine Menge Kacheln. Luv dreht die Dusche ab. Ich denke an die Regentränen von Niigata und sehe zu, wie sie dem Mädchen über den Körper laufen.

»Boy o Boy«, sagt sie. »Wenn du bloß wüßtest, wie sehr ich kalte Duschen hasse . . .«

»Vielleicht sind in Sibirien alle Duschen immer kalt«, sage ich. »Gestern abend war das ja schon so. Aber dafür ist das Bier schön warm gewesen.«

Ein wahrer Kampf ist das geworden. Gestern abend. Um das Bier. Wer hier was haben will, muß kämpfen. Weil du ein ›Individualist‹ bist. So haben sie dich genannt. Wer nicht in einer Gruppe reist, ist ein Individualist. Und bekommt auch kein Bier. Außer gegen Dollars. Saures russisches Bier gegen Dollars! »Sie irren sich«, hast du gesagt.

»Ein Individualist ist einer, der seine Rechte über die der Allgemeinheit stellt. Ich hingegen bin ein Individuum. Wirklich wahr! Eine Einzelperson. Und alle Individuen haben ein Recht auf Bier. Sie können mir das glauben!« Aber sie haben nicht gelacht, und ihre Gesichter sind wie aus Eis gewesen. Allerdings, die Aufpasserin da draußen auf dem Flur, die Schlüsselfrau, die hat ein Herz gezeigt für dich, den Einzelnen. Gelächelt hat sie und ist losgegangen und hat Bier geholt. Für Rubel. Du hast ein paar mehr von diesen kleinen Scheinen liegen lassen, und die Dicke hat den Kopf geschüttelt: Nein, kein Geld für Freundlichkeit, nicht bei uns, nicht hier in unserem Land. Und gelächelt hat sie. Und das Geld verschwinden lassen. Scheu. Flink. Und ihre Zähne sehen lassen, die aus Aluminium sind. Vier Zähne. Mitte unten. Bei ihrem Lächeln hast du die Zähne blitzen sehen.

»Wenn du denkst«, sagt Luv, »so ein Zimmer hier. Und hundert Dollar täglich! Für hundert Dollar wohnst du leicht im Ritz. Im Atlantic. Oder in der Colombe d'Or.«

»Ja«, sage ich. »Und noch dazu lassen sie dich vorausbezahlen. Wenn du nicht im voraus zahlst, und in westlicher Währung, darfst du gar nicht rein in dieses Land.«

»Was so ein Sowjetbürger für so'n Zimmer wohl bezahlen muß?« Luv schüttelt ihre nassen Haare. »Verlaß dich drauf, das hier wird 'ne Reise wie'n Hundert-Dollar-Täglich-Mißverständnis. Ohne Gegenleistung. Und ohne warme Duschen.«

An der Straße zum Hotel wartet ein Mädchen. Schüchtern. Freundlich. In einem Leinenkleid, das nach Rasenbleiche duftet. Sie sagt, daß sie Tamara heißt. Und daß sie uns durch die Stadt spazieren führen soll. Dann läuft sie fort und sucht das Auto mit dem Fahrer von Intourist.

»Ist die auch vom KGB?« flüstert Luv.

»Anzunehmen. Wer mit Ausländern zusammenkommen darf, hat das Vertrauen der Partei.«

Als Tamara wieder vor uns steht, läßt sie ihre Schultern hängen. Weil sie das Auto nirgends finden kann.

»Machen Sie sich nichts draus«, sage ich. »Das ist schon immer so gewesen. In Moskau habe ich mal einen Fahrer gehabt, der kam jeden Tag zu spät. Zwanzig Minuten. Manchmal vierzig. Im Studio haben sie auf mich gewartet, aber das hat dem Mann nichts ausgemacht. Sascha war sein Name. Zwei Monate später haben sie ihn nach Tiflis versetzt. Das muß wohl so 'ne Art von Strafe sein, Tiflis.«

Tamara schweigt. Wir laufen durch die Straßen. Tamara sagt, daß es einmal einen Entdecker gegeben hat, einen Ataman, und der hieß Chabarow, und er hat die kriegerischen Mongolenstämme in der Gegend hier befriedet, im Auftrag des Zaren, und deshalb hat man zweihundert Jahre später auch die Stadt nach ihm benannt: Chabarowsk.

Luv bleibt stehen. »Du hast mir das gestern aber anders erzählt.«

»Ja«, sage ich. »Such dir die Wahrheit aus.«

Tamara zeigt uns Errungenschaften: Krankenhaus. Theater. Leninplatz. Haus der Komsomolzen. Ein Park für Kinder. Haus der Arbeit. Ich entdecke Nebenstraßen wieder, die wie aus meiner Jugend sind, in den dreißiger Jahren, am Stadtrand von Berlin: Straßen aus Lehm. Oder Kopfsteinpflaster. Hohes Gras vor allen Mietskasernen. Wäscheleinen. Kleine Jungs auf Bollerwagen. Farbe blättert von den Fensterkreuzen. Und die Häuser sind so grau.

»Warum?« fragt Luv, und ich sage, daß es wohl am Funktionellen liegt. Alles hat hier funktionell zu sein: Häuser, Autos, Computer, Frigidaires, alles. An Schönheit, an gefälliges Design denkt in diesem Lande niemand. Da kommt wieder ihr »Warum?« Nun, Mädchen, weil's für die Russen vieles aufzubauen gab. Nach dem Krieg. Und auch schon früher, nach der Revolution. Denk an Wohnungen. An das Mechanisieren der Landwirtschaft. Später, weil die Menschen stöhnen, ein paar Konsumgüter. Hauptsächlich aber Eisenbahnen. Endlos lange Straßen. Schulen. Und so gut wie alles andere auch. Nimm nur die Raumfahrt. Oder die Rüstung. Und bau das mal alles auf. Unter dem Druck des Staates. Ohne die Initiative des Privaten. Da bleibt für Schönheit keine Zeit. Für Unnützes. Für Spaßiges. Für so eine herrliche Dekadenz.

»Weißt du«, sage ich zu ihr, »manchmal denke ich, daß hinter Reagans Aufrüstung eine Absicht steckt: Wenn die Staaten rüsten, und zwar mehr als wirklich nötig ist, und den Weltraum für sich erobern, dann müssen die Russen mitziehen. Sie fühlen sich bedroht, verstehst du? Ständig. Und von jedem. Es liegt in ihrer Geschichte begründet. Wenn sie nun aber dieses Wettrüsten mitmachen, dann gibt's da auch kein Luftholen in der Sowjetunion. Und der Lebensstandard der Bevölkerung bleibt noch auf Jahre unten. Und das, siehst du, schafft Unzufriedenheit.«

»Verrückt«, sagt Luv.

»Ja«, sage ich. »Verrückt. Aber möglich auch, daß es so ist.«

»Doppelt verrückt, weil so ein Wettrüsten ja auch die

Leute in den Staaten unzufrieden macht, denn wir bezahlen das alles mit unseren Steuerdollars, verstehst du, und mit diesem unverantwortlichen Defizit.«

Tamara tut, als hätte sie von allem nichts gehört.

DER BAHNHOF

Das helle Haus vor den Schienen sieht klassizistisch aus. An einem Baumstamm wehen Blätter aus Papier im Wind, mit Reißnägeln an der Rinde festgedrückt.

»Was ist das, Tamara?«

»Eine Art von Kleinanzeigen«, sagt Tamara. »Denn Annoncen, wie bei Ihnen in den Zeitungen, gibt es nicht bei uns. Wäre das nicht lustig, wenn in der PRAWDA zu lesen stünde: ›Studentin sucht noch zwei Kommilitoninnen für Wohngemeinschaft‹?«

»Doch«, sagt Luv, »das wäre ganz toll lustig.«

»Sehen Sie«, sagt Tamara. »Unten sind Zettelchen eingeschnitten. Da stehen die Telefonnummern drauf. Man reißt sich so ein Zettelchen ab und ruft an.«

»Weil's keine Telefonbücher gibt«, sage ich. »In der Sowjetunion.«

»Ist das wahr?« fragt Luv.

Tamara lächelt. Und geht weiter.

Zwei Züge stehen unter freiem Himmel. Sie sehen nicht nach Abenteuer aus. Es fällt mir schwer, die Farbe der Waggons zu schätzen. Die Entfernungen sind hier zu groß. Warum sich auch die Arbeit machen, so einen Zug zu waschen? Der Staub des Fernen Ostens deckt ja schon nach Stunden alle Mühen wieder zu.

Menschen zwängen sich die vier engen Stufen hoch, laden mit ihren Leibern die breiten Wagen voll. Auf den Perrons stehen geduldig die anderen, die noch nicht an der Reihe sind. Frauen mit schwarzen Kopftüchern. Alte Männer mit Ordensspangen an den Joppen. Matrosen. Kinder. Und Soldaten. Offiziere. Überall. Fast, als wäre Krieg. Die Soldaten schieben alte Koffer durch die Fenster nach. Pappkartons. Deckenbündel. Kochtöpfe. Holzkisten mit Brot und Tomaten, Knoblauch, Wodka.

Aus vielen Lautsprechern hallt eine Frauenstimme. Metallisch. Läuft über uns hinweg. Springt in den hohen Himmel.

»Tamara, was ist?«

»Der ROSSIJA EINS hat zwanzig Minuten Verspätung.«

An der Wand über uns hängt eine Bahnhofsuhr. Ich sehe lange hin. Weil die Uhr drei Zeiger hat. Zwei schwarze. Und einen roten.

»Tamara, warum?«

Sie tupft sich den Schweiß von ihrem schmalen Hals. »Die schwarzen Finger geben die Lokalzeit an. Der rote die von Moskau.«

»Von Moskau?«

Das Mädchen nickt geduldig. »Auf jedem Bahnhof ist das so. Weil die Züge sich nach der Zeit von Moskau richten. Der Fahrplan zeigt die Zeit von Moskau an, verstehen Sie? Denn, bedenken Sie, von hier bis Moskau fahren Sie durch sieben Zeitzonen, jeden Tag durch eine neue Zone, und da Sie nach Westen fahren, müssen Sie logischerweise Ihre Uhr jeden Tag eine Stunde zurückstellen.«

Tamara trägt vor, wie groß Sibirien ist: Die Vereinigten Staaten passen in die Fläche spielend rein. Und auch noch halb Kanada dazu.

»Und, Tamara, wie viele Menschen leben in diesem riesigen Gebiet?«

»Es heißt, wir seien 27 Millionen Menschen in Sibirien.«

Ich pfeife durch die Zähne. Das Mädchen sieht mir dabei zu. Dann geht ihr Vortrag weiter: »Die Transsib ist die längste Eisenbahnstrecke der Welt. An die 10 000 Kilometer, von Wladiwostok bis nach Moskau.«

»Da wär'n wir gerne eingestiegen, in Wladiwostok. Aber das ist eine verbotene Stadt. Für Ausländer verboten.«

»Ich weiß«, sagt das Mädchen.

»Wegen der Kriegsschiffe«, sage ich. »Vermutlich ist es deswegen.«

Das Mädchen sieht zu dem verwaschenen Himmel hin. »Wollen Sie mich weiter anhören?« Sie wartet nicht auf unser Nicken. »Von Chabarowsk bis Moskau sind es genau 8577 Kilometer. Die Transsib, diese historische technische Errungenschaft, wurde 1891 begonnen und ist 12 Jahre später beendet worden, mit Ausnahme einer Strecke um den Baikalsee herum. In den strengen sibirischen Wintern war es ein Leichtes, die Schienen vorübergehend über das Eis des Sees zu verlegen. In den Sommern, die bei uns ja leider nur sehr kurz sind, hat man die Waggons auf Schiffen zur Anschlußstelle gebracht. Seit 1938 gibt es die Strecke zweigleisig, und seit 1955 ist sie voll elektrifiziert. Der Zug, den Sie im Westen unter dem Namen Transsibirische Eisenbahn kennen, heißt bei uns ROSSIJA. Der von Wladiwostok nach Moskau ist ROSSIJA EINS, und der Gegenzug trägt die Bezeichnung ROSSIJA ZWEI.«

»Danke, Tamara. Ihr Mund muß jetzt vom vielen Reden ausgetrocknet sein. Gibt's auf diesem Bahnhof auch 'nen Brunnen?«

An der Tür des Wartesaals greift sie nach meinem Arm. Schüttelt den Kopf. Klemmt wie mit einer Wäscheklammer ihre Nase zu. Ein alter Mann stolpert durch die Tür. Er bringt eine Wolke mit sich. Schweiß. Fusel. Tabak. Urin. Knoblauch.

Tamara geht schnell weiter. Ein Trupp Soldaten trennt uns von ihr. Erst nach einigem Suchen finden wir sie wieder. Den Wartesaal für besondere Leute haben sie in eine andere Welt gebaut. Hohe Decken. Helle Möbel. Linoleumboden, bis zum Sichdrinspiegeln hochpoliert. Wir gehen rüber zur Bar, sehen die vielen Flaschen an, lassen die Beine von den Hockern baumeln, wollen uns schon freuen, aber Tamara schüttelt den Kopf. »Verboten.«

»Was ist verboten?«

»Alkohol. Der wird erst ab 17 Uhr ausgeschenkt.«

»Moskauer Zeit?«

Sie überhört mich mit Geduld. »Die Männer trinken sonst zu viel.«

»Das ist wahr«, sage ich. »Und nach 17 Uhr müssen sich die armen Kerle mit dem Schlucken dann so fürchterlich beeilen.«

Weiter hinten an der Bar setzt sich ein Mann mit grauen Haaren neben eine junge Frau. Ich höre ihn auf Russisch etwas sagen. Der Kellner nickt, und ich sage zu Tamara: »Gleich geh ich auf die Barrikaden.«

»Warum?«

»Dem Mann wird Sekt serviert. Vor 17 Uhr. Sekt und eine Schachtel Pralinen.«

Tamara sieht hin und läßt die Schultern schmaler werden. Wie Angst haben sieht das bei ihr aus.

Der Grauhaarige hebt den Kopf. »Sie sprechen Englisch«, ruft er. »Mit einer amerikanischen Färbung im Akzent. Das hört man bei uns kaum mehr, heutzutage. Darf ich mich zu Ihnen setzen? Ihre Sprache zu sprechen, ist für mich ein ganz seltenes Vergnügen.«

Er kommt rüber und bringt das Mädchen mit. Er sagt, daß sie Anja heißt. Seine Tochter Anja. Und daß er Professor ist. Hier in Chabarowsk. Am Institut für Pharmazeutik. Ich sehe mir Tamara an, und als ich eine Spur von Furcht in ihren Augen finde, glaube ich dem Mann kein Wort. Dann schiebt er die Pralinen hin zu Luv. »Ihr Mr. Reagan . . . Ein imposanter Mann . . . Gut aussehend . . . Zweiundsiebzig schon und doch so jung . . . So voller Energie . . . Sie sind sicher mächtig stolz auf ihn.«

»Nein«, sagt Luv. »Ich habe Reagan nicht gewählt.«

Er nickt. »Immer wieder verblüffend, Ihre Offenheit. Wie die Kinder, diese Amerikaner . . . Wissen Sie, wen wir von Ihren Präsidenten hier am meisten geschätzt haben? John F. Kennedy. Ein großer Mann. Ebenso wie unser Stalin.«

Jetzt sitzt der Mann mitten drin in unserem Schweigen.

»Sie sollten sich nichts anderes einreden lassen«, sagt er dann. »Josef Stalin ist noch immer sehr beliebt in unserem Volk. Weil er so bescheiden war. Ein echter Russe. Alles, was er sein eigen nannte, als er starb, war sein alter Militärmantel. Und ein paar Schuhe.«

Das Gesicht von Luv ist so, daß der Mann nicht darin lesen kann. Ich halte jede Wette, daß sie jetzt an die Säuberungen denkt. An die zwanzig Millionen Menschen, die Stalin hat ermorden lassen.

»Wenn Sie bedenken . . . Nur einen Mantel«, wiederholt der Mann.

»Aber hören Sie mal zu«, sagt Luv. »Wenn Sie genau hinsehen, hat Stalin doch das ganze Land besessen. Was so ein Diktator haben will, geben ihm die Leute, ohne erst noch lange drum herum zu reden.«

Das Gesicht des anderen zeigt ein mildes Lächeln. »Einmal hat das Volk ihm eine Datscha schenken wollen«, sagt er leise. »Ungefragt. Aus freiem Willen. Stalin hat sich die Datscha angesehen und gesagt, daß sie sich vorzüglich eignet . . . als Herberge für Junge Pioniere.«

»Wirklich?« sagt Luv. »Wie schön.«

DER ZUG

Als wir uns hinter bündeltragenden Menschen durch einen stinkigen Tunnel schieben und über Betontreppen wieder an die Sommerluft hinaufsteigen, will Luv wissen, was der Professor wohl im Sinn gehabt hat mit dieser Stalinsache. »Er hat dich provozieren wollen, Mädchen. Weil er alles andere als ein Professor ist. Von mir hat er kaum eine Reaktion gewollt. Weil das nicht nötig ist. Mich kennen sie schon. Über mich gibt's in ihren Schubladen ein Aktenbündel. Aber du bist neu in diesem Land, verstehst du? Und da haben sie eben mal wissen wollen, in welchem Grad wir zu überwachen sind auf dieser Reise.«

Oben steht der Zug schon an dem Bahnsteig. In dem dunklen Rot der Wagen hängen Wappen aus Bronze. Hammer und Sichel vor einer Weltkugel. Eingerahmt von Ährenbündeln. Mit den Namen der Sowjetrepubliken eingemeißelt. Darunter Hammer und Schraubenschlüssel. Gekreuzt. Und oben drüber der Sowjetstern.

»Da«, sagt Luv. »Da hast du dein großes Abenteuer.« Sie zeigt auf ein Emailleschild an dem roten Waggon. In kyrillischen Buchstaben, aber lesbar: WLADIWOSTOK-MOSKAU.

Der Zug scheint endlos lang. So an die zwanzig Wagen. Die Waggons sind breit. Und aus schwerem Stahl. Unser Wagen trägt die Nummer 10. Zwei Frauen stehen unter der aufgeklappten Tür. Jung. Ernst. Schwarze Uniformen. Wichtige Gesichter. Sie wollen, daß du sie wichtig nimmst.

Durch das Gewühl von Menschenleibern schiebt sich ein Soldat. Der junge Kerl schleppt schwer an seinem Dekkenbündel. Wenn die Decke verrutscht, können alle auf dem Bahnsteig sehen, daß es ein Fernseher ist, den er da schleppt, und der Soldat stellt das schwere Ding verlegen ab und wickelt die Decke neu zurecht. Der Mann, der vor ihm bei den schwarzen Mädchen sein Billet abgibt, ist sein General. Der General ist sehr dick, und sein Hemd ist auf dem Rücken durchgeschwitzt. Beim Klettern, die vier steilen Stufen hoch, hat der Mann es schwer. Sein Bursche stellt den Fernseher ab und schiebt von hinten nach.

Die Sonne scheint jetzt steil vom Himmel, und als der Nächste vor die Schaffnerinnen tritt, leuchtet seine Plastikspange mit den Orden in dem blendendhellen Licht. Ich frage mich, warum in diesem Land die alten Männer ihre Orden an den Jacken tragen, wo es doch schon lange nicht mehr Uniformen sind. Hellgraue, etwas abgetragene bürgerliche Röcke sind es nun, und die Ordensspangen sehen aus, als dürften sie nicht mit dem Mann zusammen alt geworden sein. Weil er sie tragen will, so, wie sie damals waren. Frisch errungen. Heldisch. Weithin leuchtend. Denn das ist wohl alles, was dem Mann aus seiner großen Zeit geblieben ist. Damals hat man vor ihm Respekt gezeigt. Und deshalb trägt er auch seine Orden heute fast wie eine Frage: Wollt ihr mir denn die Achtung, die ich für meine letzten Jahre mehr als alles andere nötig habe, wirklich nicht erweisen?

»Hör auf zu träumen«, sagt Luv. »Wir sind jetzt an der Reihe.«

»Wetten, Luv?« Ich deute auf die Schaffnerin, die dunkle Haare hat. »Wetten, daß sie Aluminiumzähne hat?«

»Laß sehn . . . Wie viele?«

»Stücker zwei. Wenn nicht noch mehr.«

Luv stellt sich mit unserem Fahrscheinbündel vor sie hin. »Dobre Dan . . . Guten Tag.«

Die Dunkle nickt. »Dobre Dan. Wo sind Ihre Pässe?« Und ihre Zähne blitzen.

»Nicht nur zwei«, sagt Luv. »Fünf. Du hast gewonnen.«

Tamara klettert vor uns die Stufen hoch in den Waggon. »Hier ist das WC«, sagt sie. »Und in dem Abteil daneben schlafen die beiden Schaffnerinnen.«

»Sag noch mal«, meint Luv. »Hab nicht verstanden.«

»Aluzahn schläft da«, antworte ich. »Und das andere Mädchen.«

Hinter einer Tür beginnt der Korridor. Luv bleibt vor einer Nische stehen und zeigt auf einen kleinen Badeofen. »Tamara, ist das der Boiler für die Duschen?«

Die Frage scheint für das Mädchen neu zu sein. »Duschen? Aber nein. In der Eisenbahn gibt's doch keine Duschen!«

»Na, das wird ja was«, murmelt Luv. »Wochenlang im Zug und keine Duschen. Ich sage dir, die Reise ist ein Hundert-Dollar-Täglich-Mißverständnis.«

Tamara streichelt den gelben Boiler in der Nische. »Haben Sie es wirklich nicht erkannt? Ein Samowar ist das . . .

Da können Sie sich Tee holen. Tag und Nacht. Und unentgeltlich.«

Vor allen Abteilen stehen Männer an die Wand des Korridors gelehnt. Sie haben es sich bequem gemacht auf der Fahrt vom Stillen Ozean bis hier: Die Männer tragen Schlafanzüge. Und Pantoffeln an den Füßen. Wie zu Hause.

»Hallo«, sage ich. »Dobre Dan«, und die Männer nikken.

Dann stehen wir zu dritt im Abteil. Unser rollendes Zuhause für die nächste Zeit.

»Schön, finden Sie nicht?« Tamara streicht mit flacher Hand über die hellen Wände. »Formika. Aus Deutschland übrigens.« Der Blick des Mädchens kommt nur flüchtig zu mir her. »Die Waggons für den Rossija werden in der DDR gebaut.«

Wir sitzen auf den roten Polsterbänken und wissen nicht mehr, was es noch zu sagen gibt. An beiden Wänden steht so ein schmales Bett. Die Decken dazu liegen weiter oben, aufgerollt, über der Tür, in einer Nische. Kariert und ausgeblichen. Pferdedecken gleich. Die Leintücher sind löchrig. Sicher schon seit langer Zeit. Und ein wenig braun vom vielen Waschen ohne rechte Seife. Von der Decke hängt eine runde Lampe. Und an den Stirnseiten der Betten sind Leselampen angebracht. Auf dem Klapptisch unter dem Fenster stehen Gläser in zisilierten Silberbechern.

»Für den Tee«, sagt Tamara. »Die Becher sind zisiliert, wie in früheren Zeiten. Und sind doch neu. Sehen Sie nur, wie von Hand in das Metall getrieben: Gagarins erste Fahrt in den Raum ... Und hier der Kampf um Wolgograd ...«

Aus einem Lautsprecher in der Wand kommt ziemlich laut Musik. Chöre. Hunderte von Stimmen. Wie ein ganzes Volk, das singt.

»Wenn man das Radio mal abschalten will, Tamara, wo ist der Knopf dazu?«

»Abschalten geht nicht. Höchstens leiser drehen.«

Luv lehnt den Kopf zurück und atmet tief und langsam ein. In dem engen Raum ist die Hitze jetzt zu spüren.

»Wie das wohl mit so einer Waschgelegenheit ist? Hier im Abteil?« fragt Luv, und Tamara lächelt ihre Art von Nein. Leider. Weil Waschbecken doch im WC zu finden sind. Schöne Becken. Aus einem Stahl, wie nennt man ihn doch gleich, der nicht rostet. Tamara, sag, wie das wohl werden soll, mit einem einzigen Waschbecken, noch dazu auf dem Klo, für zwanzig, dreißig Leute, aber das Mädchen antwortet nicht, geht lieber die gelben Vorhänge an dem Fenster öffnen.

»Lassen Sie's sein, Tamara. Lassen Sie das lieber sein.«

»Warum?«

»Weil zu wenig Platz hier drinnen ist. Wenn Sie die Sonne reinlassen ins Abteil, muß einer von uns nach draußen auf den Korridor.«

Jetzt lacht sie endlich mal. Und später, als der Zug allmählich, ächzend, aus dem Bahnhof rollt, winkt sie uns noch lange nach.

Viele Menschen winken da auf dem Perron. Eine alte Frau läuft noch mit, solange es geht. Am Fenster neben uns lehnt ein Mädchen. Sie preßt die Stirn gegen das harte Glas. Und weint. Still. Das Kind in ihrem Arm freut sich an der Alten, die da draußen winkend über den Bahnsteig hastet. Ihre kleine Hand patscht gegen die Fensterscheibe: »Babuschka!« Glücklich, immer wieder: »Babuschka!«

Ich will dem Kind das Fenster öffnen, hänge mich mit meinem ganzen Gewicht an den Griff, aber es gelingt mir nicht.

»Verriegelt.«

Keiner der Männer im Gang hat das Fenster offen.

»Alle Fenster sind hier wohl verriegelt.«

»Muß ja so sein«, sagt Luv. »Damit so 'ne Amerikanerin wie ich um Gottes willen nicht auf die Idee kommt, in die Sowjetunion zu flüchten.«

TAG EINS IM ZUG

Hinter den letzten Häusern der Stadt beginnt das viele Grün. Um die Mittagszeit gibt es hier keine Schatten.

Eine Straße aus Lehm läuft noch ein ganzes Stück neben den Schienen her. Dann endet sie unverhofft in der Steppe. Wo die Straße aufhört, geht ein Fußweg zu einem kleinen Friedhof hin. Hellgestrichene Gitter rahmen enge Gräber ein. Auf den Gräbern gibt es keine Blumen. Hölzerne Kreuze mit diesen orthodoxen Doppelbalken neigen sich schief den Gräsern zu. Und dann beginnt der Wald. Fichten und Lärchen. Nicht sehr hoch. Vielleicht so zehn Meter oder fünfzehn, und das Gehölz ist dicht zusammengewachsen. Wenn du genau hinsiehst, kannst du Wildpfade ausmachen, die in das Dickicht führen. Wölfe sollen da drin leben. Und Bären. Menschenpfade siehst du in diesen Wäldern nicht. ›Warum sollte es hier auch Menschenpfade geben, wo es doch eine ewig lange Fahrtzeit keine Dörfer gibt? Manchmal bricht der Wald auf und bildet den Rand für Sumpf und Wiesen. Da stehen dann Birken mittendrin. In Gruppen. Auf allen Lichtungen stehen Birken. Und wo der Wald die weiten Wiesen leben läßt, kannst du sehen, wie alltäglich das flache Land geworden ist. So hingekauert. So ergeben. Dem Himmel ergeben. Weil der so hoch ist und kein Ende kennt. Du könntest denken, der Himmel hätte dem Land gesagt, wie vergänglich es ist. Und wie unsterblich der Himmel.

Im Gang gibt es ein Fenster, das sich einen Spalt weit öffnen läßt. Der alte Mann mit der Ordensspange weiß, wie man so was macht. Im Zug ist es heiß geworden. Die Klimaanlage kommt nicht dagegen an. Ich frage den Mann, ob es ihm was ausmacht, wenn ich den Fahrtwind mit ihm teile, aber es scheint ihm nicht recht zu sein. Er wirft mir keinen Blick zu und sieht weiter aus dem Fenster, und als ich noch mal das Gleiche in einer anderen Sprache frage, geht er in sein Abteil und läßt die Tür sorgsam hinter sich zurollen.

Es ist gut, den Fahrtwind in meinem verschwitzten Haar zu spüren, aber als ich versuche, das Objektiv meiner Kamera hindurchzustecken, stellt sich der Spalt als zu eng heraus. Der Staub der langen Strecke hat die Fenster braun gemacht, und wenn ich durch das verschmutzte Glas fotografiere, wird die Taiga wie das Bild eines Impressionisten werden.

Die Männer in ihren Schlafanzügen lehnen an den Wänden. Ich nicke ihnen lächelnd zu, aber keiner will zurücklächeln.

Neben dem Fenster hängt ein Fahrplan. In kyrillischer Schrift. Mühsam Erlerntes kommt aus meiner Moskauer Zeit zu mir zurück. Ich reihe Buchstaben aneinander. 79 Stationen wird es auf dieser Strecke geben. Die zweite von hier heißt Birobidzan. Der Name dieses Ortes ist mir nicht fremd. Vor Monaten habe ich ihn in meine Notizen getippt. Ich hole das Papierbündel aus dem Koffer und lege mich auf das schwankende Bett und finde, was ich suche:

Birobidzan. Hauptstadt der gleichnamigen Jüdischen Autonomen Republik im Sowjetischen Fernen Osten. Die Flüsse Bira und Bidzan haben ihr den Namen gegeben. Ein ödes, sumpfiges Land, das im Amur-Bogen direkt an der chinesischen Grenze liegt. Nachdem es Stalin nicht gelungen war, jüdische Bürger zu brauchbaren Landarbeitern auf den Kolchosen zu machen, hat er 1934 die jüngeren jüdischen Russen von ihren orthodoxen Familien getrennt und sie in die Sümpfe am Amur verschickt. Um ihnen seinen Plan schmackhaft zu machen, gab er ihnen eine eigene Republik. Aber nur wenige haben sich Stalins Absichten unterworfen. 1974 gab es nur noch 11 400 Juden, ganze 7% der Bevölkerung des Gebietes.

Persönliche Ergänzung: Leo R., Produzent bei MOSFILM, ist dort lange gewesen. Im Restaurant hat er davon gesprochen. Abends, in Moskau. Bei Wein und Gurken und Steak und Wodka. Ich habe gesagt, daß ich aus Berlin stamme, und wollte wissen, wo meine neuen Freunde herkommen. Sascha hat gesagt: »Direkt hier aus Moskau.« Wassilij kam aus Omsk. Und Leo hat gelächelt: »Ich bin Hebräer.« Na gut, Hebräer, aber von wo? Doch Leo hat immer nur wiederholt, daß er Hebräer sei, und als Wassilij sagte, Juden hätten in der Sowjetunion keine eigene Nationalität, wenn bei anderen als Nationalität ›Georgien‹ im Ausweis steht oder ›Ukraine‹, dann steht bei denen ›Hebräer‹, da hat Leo gesagt: »Wie die Zigeuner. Keine Nationalität, aber eine Autonome Republik. Dann hat er sich über die Augen gewischt und gesagt: »In Birobidzan habe ich mal ziemlich lange gelebt.«

Der Zug fährt jetzt recht schnell, und in den Kurven schwankt der Waggon.

Du könntest denken, er wird gleich aus den Schienen springen.

Luv läßt sich auf das andere Bett fallen. »Hör mal, ich war bei Aluzahn, weil ich unsere Pässe wiederhaben wollte, aber die sind weggeschlossen. Du mußt dir das mal vorstellen: Die nehmen den Touristen glatt die Pässe weg! Das sollte in den Staaten mal einer versuchen, bei 'ner Luftlinie oder auf der Eisenbahn! Wenn so 'ne Schaffnerin das fragen würde, da gäb's ringsum nur Gelächter. Übrigens, die Schaffnerin nennt sich Matrioschka. Nein, nicht als Name . . . Als Berufsbezeichnung. Ich sage dir, das ist vielleicht 'ne Nummer! Erst hat sie mir 'ne Handvoll Bonbons in den Schoß geworfen, und dann wollte sie Strumpfhosen kaufen. Ich habe ihr gesagt, daß so was doch keiner trägt bei dieser Hitze, und da wollte sie meine Unterwäsche haben. Richtig verärgert ist sie gewesen, weil ich ihr meine Wäsche nicht verkaufen will, und dann hat sie an meinem Schmuck rumgefingert und hat gesagt, daß sie mir viele Rubel für meinen Schmuck bietet, und sie hat Geld genug, und meinen Schmuck muß sie unbedingt haben . . . Jetzt sag mir bloß mal, wo nimmt denn so eine Matrioschka das ganze Geld her? Und wenn das keine kapitalistische Einstellung ist von so einer kommunistischen Schaffnerin, dann weiß ich nicht, was überhaupt eine kapitalistische Einstellung sein soll. Na, jedenfalls ist Aluzahn jetzt sehr verärgert, und außerdem hab ich 'ne Frage.«

»An wen?«

»An dich . . . Diese Aluminiumzähne . . . Die sind so dick und breit, die passen gar nicht rein in so einen

Mund . . . Wenn schon aus Metall . . . Warum machen die ihre Zähne nicht so, daß sie reinpassen?«

»Weil es Fertigzähne sind. Vorfabrizierte.«

»Mach Sachen . . .«

»Ist wahr. Die machen Zähne in Standardgrößen. Aus Aluminium und aus Gold. Vorfabrizierte Jacketkronen sind billiger als Porzellan.«

»Ich dachte immer, so 'ne ärztliche Behandlung kostet nichts in der Sowjetunion.«

»Das schon, aber wenn's um neue Zähne geht, dann hört der Spaß auf. Jeden neuen Zahn muß der Russe selbst bezahlen.«

»Die aus Aluminium auch?«

Ich nicke.

»Verstehe. Aber viel Logik ist in der Sache wohl nicht drin.«

Der Bahnhof von Birobidzan ist ein armseliges Gebäude in der Steppe. Das sieht aus, wie von der Welt vergessen. Der Zug bleibt hier nur drei Minuten stehen. Niemand steigt aus. Und wir dürfen nicht nach draußen. Die Tür ist für uns verschlossen. Das fühlt sich an wie eingesperrt.

Auf dem Bahnsteig steht ein Mann mit einem kleinen Jungen. Der Mann ist dürr und hat kaum Haare. Sein Anzug ist aus dickem Stoff gemacht, viel zu schwer für diese Hitze, und Schweiß läuft dem Mann in die Augen. Er hebt eilig seine Koffer auf und will durch unsere Tür hochklettern. Ich schüttle den Kopf. Wir sehen uns durch das enge Fenster an. Der Rahmen macht den Mann zu einem Bild da draußen.

Abends, auf dem Weg nach vorn zum Speisewagen, ziehen die Männer in ihren Pyjamas ihre Bäuche ein oder treten in ihre Abteile zurück, wenn Luv sich im Schaukeln des Waggons an ihnen vorbeitastet.

Das Überwechseln in den nächsten Wagen ist eine sportliche Sache. Ein Hindernisrennen. Ein Sprung ans andere Ufer. Du schiebst eine Tür auf. Dazu brauchst du deine ganze Kraft. Dann versuchst du einen Balanceakt über krumme Trittbretter zwischen einer hohen Ziehharmonika. Das Poltern der Räder dröhnt eine fetzende Musik dazu, und du machst dich an das Aufreißen der zweiten Schiebetür, aber die Trittbretter unter dir schieben sich wild hin und her, und du hast keinen Halt für das Aufreißen der Tür, doch Luv wartet hinter dir, und es geht ja nicht, daß sie mit ansieht, wie du die zweite Schiebetür nicht aufreißen kannst, und da reißt du sie eben auf und gibst Luv die Hand, und sie springt mit zwei großen Sätzen an das andere, ratternde Ufer.

Der Zug schwankt jetzt sehr, und wir werden gegen die Menschen in dem engen Gang geworfen. Wir lächeln und sagen »Prastite . . . Entschuldigung . . .«, aber auch hier lächelt keiner zurück. Die Männer sehen uns nicht an und rauchen. Kinder zwängen sich zwischen ihren Beinen hindurch. Kleine Mädchen haben Schleifen im Haar. Schöne. Große. Wie in anderen Ländern sonntags, früher, auf dem Weg zur Kirche.

Das hier nennen sie die ›harte Klasse‹. Weil sie den Unterschied wohl nicht in Zahlen draußen dranschreiben wollen. Unser Waggon ist die teure Art zu reisen, aber sie nennen es nicht ›1. Klasse‹, sondern sagen ›weiche Klasse‹ dazu, und aus der 2. Klasse wird die harte. In den Abteilen hier gibt es vier Pritschen. Auf jeder Seite zwei übereinander. Frauen liegen auf wollenen Decken. Ihre schweren Körper sind nur halb bekleidet. Junge Männer hocken auf den Pritschen unten und spielen Schach. In einem Abteil ißt eine Familie Abendbrot. Gurken. Schwarzes Brot. Radieschen. Wodka. Die Luft ist schwer. Angefüllt mit Schweiß. Auch hier sind alle Fenster hochgeschlossen.

Als wir in den Speisewagen kommen, lächelt eine dicke Kellnerin uns an. Sie ist nicht mehr jung, und ihr Lächeln ist auf der einen Seite hübscher als auf der anderen. Sie gibt uns einen Tisch am entfernten Ende des breiten Wagens, zwei Tische entfernt von den Russen, die an den anderen Tischen sitzen. Zwei Tische Niemandsland.

Die Kellnerin legt eine weiße Decke auf.

»Sieh mal«, sagt Luv. »Sieh mal die Karte. Alles steht in sechs Sprachen da. Lachs, Kaviar, geräucherter Stör, Borschtsch. Und das hier: ›Solianka‹, was das wohl ist? Und dann noch Schweinskotelett. Gulasch. Steak . . .«

»Freu dich nicht zu früh, Mädchen. Steht der Preis dahintergeschrieben? Mit Bleistift?«

»Bei manchen Sachen ja.«

»Wenn kein Preis dahintersteht, gibt's die Sache nicht.«

Sie lacht mich an. »Bei Kaviar steht der Preis dahinter. Sieben Rubel fünfzig.«

Die Kellnerin stützt ihre Hand schwer auf meine Schulter und stellt Kaviar vor uns hin und weißen Wein und Brot und sieht Luv lange an. »Karascho«, sagt sie dann.

Ich schenke ein Glas für sie bis an den Rand ein. Sie nickt und sagt: »Nastarowje«. Dann sieht sie mich an und sagt: »Prost!« und trinkt das Glas ohne abzusetzen aus.

»Prost«, sage ich. »Sie sprechen Deutsch?«

Die Frau nickt. »Ein wenig. Hab's im Krieg gelernt.« Sie kneift beide Augen ganz fest zu und fährt sich mit der Hand durchs Gesicht. Dann lacht sie und schüttelt den Kopf und geht zu ihrem Arbeitstisch zurück. Sie hat viel mit den anderen Leuten zu tun, weil die Schokolade bei ihr kaufen und Cognac oder Brot, und jedesmal, wenn einer etwas haben will, wühlt sie in dem Stapel Kisten unter ihrem Tisch und braucht lange, bis sie etwas findet. Die Unordnung da drüben ist groß, und mittendrin in dieser Unordnung steht eine Registrierkasse, und die ist auch schön blankgeputzt und sieht so aus, als könnte die Kellnerin sie benutzen, aber sie lehnt sich nur dagegen und holt den Holzrahmen mit den Rechenkugeln heraus und schiebt die Kugeln hin und her.

Wir fahren immer noch nah an der chinesischen Grenze entlang, aber den Amur können wir nicht mehr sehen. Ich denke, wie unbelebt das Grün da draußen vor dem Fenster ist und sage: »Die Landschaft sieht wie Feierabend aus.«

Dann bringt die Kellnerin uns noch eine Flasche Wein, und wir kommen an einem Dorf vorbei. Es steht an einer verkrusteten Straße, und die Holzhäuser lehnen sich schief in ihre Gärten. Die Katen sind alt, verwittert und aus Baumstämmen gemacht. Du solltest denken, daß solche Häuser ewig aufrecht bleiben, aber im Verlauf von hundert Jahren sind sie doch schief geworden. Jedes Haus hat einen Bretterzaun, und zwischen Reihen von Kartoffeln stehen Frauen, schwer gebeugt, und hacken die harte Erde auf.

Außerhalb des Dorfes strecken sich Äcker von der Straße weit weg bis zum Waldrand hin. Auf den Äckern stehen lange Reihen von Kartoffelpflanzen, groß und fett und dunkelgrün. Ebenso fett und grün wie in den Gärten.

»Ja, Erdäpfel«, sagt die Kellnerin. »Sie werden sehn auf diese Fahrt, in ganz Sibirien wachst Erdäpfel ... Ganze Bahnstrecke lang ... Nur, wo die bleiben möchten, sieht man nicht.« Sie hält mir die Speisekarte entgegen. »Hier ... Auf ganzes Menu ... Nicht ein einziges Kartoffel ... Und in den Geschäften ist das auch nix anders ... Leer von Erdäpfel ... In Wladiwostok ... Überall.«

Wir fragen, warum das so ist, und sie sagt, es liegt am Plan. Am Soll. Das Soll muß erfüllt werden, sagt sie, verstehen Sie wohl ... Da gibt es den Genossen Transportleiter, und der muß soundso viele Güterwagen jeden Monat beladen und über die Schienen rollen lassen, weil der Plan befiehlt, daß solche Güterwagen niemals leer fahren oder unbewegt herumstehen dürfen. Und dann gibt es den Genossen Versorgungsleiter, und der muß dafür sorgen, daß der Plan erfüllt wird und die guten Leutchen in Moskau was zu futtern auf den Tisch kriegen. Also ... Nun hat der Genosse Transportleiter lauter Güterwagen rumstehen, die in Moskau was abholen müssen, und weil die aber nicht leer dahinrollen dürfen, ruft er eben den Genossen Versorgungsleiter an und sagt, Sergej, sagt er, brauchst du nicht vielleicht was Erdäpfel, und der andere sagt, aber ja, Oleg, schick sie nur her, deine Erdäpfel, und von da an rollt Waggon auf Waggon mit Erdäpfeln nach Moskau, verstehen Sie schon, und alles ist Karascho, weil der Genosse Transportleiter hat sein Soll erfüllt, und der Genosse Versorgungsleiter hat selbstverständlich auch den Plan erfüllt, nur ... die Sache hat allerdings einen Haken, und der ist der, daß die guten Leutchen in Moskau wochenlang nur Erdäpfel kriegen, niemals mal was anderes, nur Erdäpfel . . . und die guten Pioniere in Sibirien sehen solche Erdäpfel höchstens mal in ihren Träumen . . .

Nachts um elf sitze ich auf dem schmalen Bett und tippe auf meiner kleinen Schreibmaschine. Der Himmel über der Taiga ist noch immer hell wie an einem frühen Sommerabend. Auf der anderen Bank liegt Luv mit einem ganzen Stapel dieser sowjetischen Propagandahefte, die dich zum Gähnen bringen. Draußen im Gang haben sie so ein Gestell mit gedruckten Informationen für die Fremden. In vielen Sprachen stecken die da drin: ›Eine Ansprache Jurij Andropows über den Frieden‹, oder ›Marx-Engels-Lenin: on Socialist Revolution‹, oder ›L'urrs vue par un Etranger‹, und außerdem noch viele andere Sachen, und eine davon ist ›Die Verfassung der Union der Sozialistischen Sowjetrepubliken‹, und die liest sie in dieser Nacht. Manchmal murmelt sie vor sich hin . . . oh, mein Gott . . . nun sieh sich einer das mal an . . . daß ein ganzes Volk sich das gefallen läßt . . . Und dann setzt sie sich plötzlich auf: »Hör mal zu . . .«

»Was ist?«

»Hier. Artikel 50 der Verfassung: ›In Übereinstimmung mit den Interessen des Volkes und zur Festigung und Entwicklung der sozialistischen Ordnung wird den Bürgern der UdSSR die Redefreiheit, die Pressefreiheit, Versammlungs- und Kundgebungsfreiheit, die Freiheit zur Durchführung von Straßenumzügen und Demonstrationen garantiert.‹«

»Ja«, sage ich. »Kaum anzunehmen, daß die Kinder in der Schule jemals was von so einer Verfassung zu hören bekommen.«

»Wir wär's mit Artikel 56?« sagt Luv. »Das persönliche

Leben der Bürger sowie das Brief-, Telefon- und Telegrammgeheimnis werden durch das Gesetz geschützt.«

Sie sieht sich um. »Wo, glaubst du, steckt hier so ein Mikrofon?«

»Im Lautsprecher«, sage ich. »Das ist für so was hier in dem Abteil sicherlich der beste Platz.«

TAG ZWEI IM ZUG —— 7. JULI. DONNERSTAG

Beim Aufwachen sieht es aus, als wäre der Zug keinen Kilometer weiter vorangekommen. Vor dem Fenster rollt das grüne Land vorbei wie letzte Nacht: Wälder, Birkengruppen, dann eine Lichtung, ein Bach, ein Teich. Taiga.

Die Kellnerin im Speisewagen ist am frühen Morgen schlecht gelaunt. Ihre Augen sind verschwollen. »Wodka«, sagt sie. »Ganzes Nacht. Immer Wodka. Viel Wodka.« Dann sieht sie Luv an. »Schönes Frau. Hast nicht verdient.«

Ich gebe ihr zwei Aspirin und sage, sie braucht keine Angst zu haben, sie soll die Dinger ruhig nehmen, weil so ein Deutscher eine Russin nicht vergiftet. »Nicht mehr«, sagt sie und lacht und zerbeißt die Tabletten und spült alles mit einem großen Schluck Tee hinunter. Dann ist der Schmerz vorüber, und sie sagt: »Schönes Frau . . . Hast doch verdient.«

Zum Frühstück gibt es Tee, schwarzes Brot und Marmelade.

»Wie steht's mit Butter?« frage ich.

»Nix Butter.«

»Gestern abend«, sage ich. »Zum Käse . . . Da gab's noch welche.«

Die Kellnerin hebt nur die Schultern und geht zu ihrem Arbeitstisch zurück.

»Die Butter hat sie verkauft«, sagt Luv. »Hast du das

nicht gesehen? Gestern? Auf jeder Station sind Leute aus dem Dorf gekommen und haben den Speisewagen gestürmt und Sachen von ihr gekauft ... Butter ... Fleisch ... Käse ... Schinken ... Das hier ist so 'ne Art schwarzer Markt auf Rädern.«

Sie sieht lange aus dem Fenster. Dann sagt sie: »Wie ist das gewesen, damals? Bei dem Film. In Moskau. Hast du dich da fremd gefühlt? Einsam?«

»Fremd schon. Manchmal. Aber einsam nicht. Weil ... Finchy war ja in der Nähe. Und Mario Adorf ist dabeigewesen, auch ein alter Freund von mir. Manchmal ist auch Sean aus London rübergekommen. Sean Connery. Wenn auch nur für kurze Zeit. Und dann, in dem langen Winter, ist Claudia bei uns gewesen. Das Bild hättest du sehen sollen ... ein schillernder Vogel, dieses elegante Mädchen in einer Stadt, in der es keine Farben gibt. Auf der Straße sind sie stehen geblieben, die Leute, und haben sie angestarrt. Den Namen hatten sie noch nie gehört, Claudia Cardinale, und unsere Namen hatten sie auch noch nie gehört, und wir sind den Leuten fremd vorgekommen, das ist ja klar, aber Claudia haben sie angestarrt.«

»Und sonst?«

»Was meinst du, sonst?«

»Wie hast du damals eigentlich gelebt, in deinem goldenen Käfig da? Hast du 'ne Freundin gehabt, und die hat dir Frühstück gemacht? Morgens, vor der Arbeit?«

»Mit 'ner Freundin«, sage ich, »das hätte wohl eher 'nen Aufstand gegeben bei den Russen ... so'n Ausländer wie ich und 'ne russische Freundin ... Aber die Sache mit meinem Frühstück, die kannst du getrost als Aufstand bezeichnen. Ehrlich.«

»Wieso? Was war?«

»Weißt du, das fängt damit an, daß ich ja nun mal im kapitalistischen System erzogen worden bin, und in dem System kostet jede Minute Geld, also mußt du immer pünktlich sein, weil es den Produzenten eben viel Geld kostet, wenn ein Schauspieler zu spät kommt und das ganze Team rumsteht und wartet. Beim Drehen ist das ganz genau so. Da probierst du die Szene ein paarmal und wartest, bis alles ausgeleuchtet ist, und wenn die dann kommen und sagen: ›Die Kamera ist fertig, von uns aus kann's losgehen‹, dann preßt du die Hand 'n paar Sekunden lang auf deine Augen und konzentrierst dich, und machst die Rolle, die du spielst, zu einem Stück von dir selber, verstehst du, und dann gehst du vor die Kamera und spielst die Sache eben, und das ganze dauert nicht sehr lange, denn beim Film ist Zeit 'ne ungeheure Menge Geld.«

»Ich weiß. Und weiter?«

»Bei den Russen ist das anders. Die müssen schon mal was von dem irischen Sprichwort gehört haben: ›Als Gott die Zeit machte, hat Er viel davon gemacht.‹ Erstmal kommt so'n russischer Schauspieler ganz selten mal pünktlich ins Atelier, und wenn die Assistenten sagen, daß die Kamera bereit ist, dann siehst du die Russen, wie sie sich 'ne dunkle Ecke suchen und sich konzentrieren gehen, und ich hab ein paarmal auf die Uhr gesehen . . . Das kann schon mal so zwanzig Minuten dauern.«

»Ist wahr?«

»Wirklich wahr. Und wenn die Kamera dann läuft, ist es ganz genauso. Wenn du ein Schauspieler aus dem Westen bist, dann drehst du eine Szene eben nur dreimal, höchstens viermal, denn das Negativ, das da durch die Kamera läuft, kostet ja Geld, und die Leute, die da hinter der Kamera stehen, kosten ja auch jede Stunde und jeden Tag, und deshalb strengst du dich eben an und kriegst die Sache am liebsten schon beim zweitenmal so gut wie möglich hin.«

»Und die Russen?«

»Die drehen einen Take nach dem anderen und strengen sich kaum richtig an, weil sie sich erst mal warm laufen lassen, und vor der neunten oder zehnten Klappe legen die erst gar nicht richtig los, verstehst du? Da war mal ein Tag, das muß so'n halbes Jahr später gewesen sein, und da hat Finchy angefangen, es genauso zu machen, und ich hab zu ihm gesagt: ›Hör mal zu, das ist jetzt schon der zehnte Take, und ich bin allmählich leer gelaufen, weil meine Konzentration das nicht so lange durchhält‹, und Finchy ist ganz erschrocken gewesen und hat gesagt: ›Mein Gott, ich bin schon viel zu lange hier . . . Sieh mir mal ins Gesicht . . . Seh ich schon wie'n Russe aus?‹«

Luv lacht.

Ich sehe mir die Wälder vor dem Fenster an und denke, daß Finchy nicht mehr da ist. Und denke, daß die Wälder da draußen so friedvoll scheinen. Aber daß es auch die Wälder mit den Arbeitslosen sind. Menschen geben da draußen ihre Hoffnung auf. Dostojewski hat in solchen Wäldern seine Hoffnung aufgegeben. Es sind die Totenwälder Dostojewskis.

»Wie war das noch?« sage ich zu Luv. Ihr Bild wartet auf mich im Spiegel der Fensterscheibe, und ich sage zu dem Spiegelbild, daß ich vom Thema abgekommen bin. »Eigentlich wollte ich was anderes erzählen.«

»Ja«, sagt sie. »Vom Frühstück.«

»Tatsächlich?«

»Ja. Du wolltest vom Frühstück in Moskau was erzählen.«

»Ach ja. Vom Frühstück. Und von Pünktlichkeit ... Also. Es kommt der erste Arbeitstag, und ich stehe vor dem SOWJETSKAJA, Punkt halb acht, und es ist ungeheuer kalt. So eine Kälte, die dir in die Knochen kriecht. Ich hätte natürlich auch in der Halle warten können, aber ich hab mir gesagt, daß der Fahrer mich ja nicht kennt, und da ist es eben besser, ich warte draußen auf der Straße. Um acht Uhr kommt er endlich an. Schweigend, sagt kein Wort. Keine Entschuldigung, nichts. Im Auto sitzt ein Mädchen, und die sagt, daß sie Natascha heißt und meine Dolmetscherin ist, und ab jetzt wird sie mich überallhin begleiten. Na gut, sage ich, Natascha, dann begleiten Sie mich mal erst in ein Kaffeehaus oder in die Kantine da draußen im Studio, denn ich habe noch kein Frühstück gehabt. Warum nicht? Weil ich in meinem Luxus-Appartement zwar zwei Bäder habe und eine Bibliothek aber keine Küche, und Roomservice gibt's da keinen, und das Frühstückszimmer hat um halb acht noch zu. Wie ich das so sage, da macht die Natascha ein bedrücktes Gesicht. Das ist so ein blasses Mädchen gewesen, unscheinbar. Vielleicht so zweiundzwanzig Jahre alt und auch sehr nett. Freundlich. Aber nicht hübsch. Eben eine richtige Aufpasserin vom KGB. Ein Hofhund. Wenn du als Fremder dahin kommst, dann geben die dir keinen hübschen Hofhund, weil die ja nicht wollen, daß du auf irgendwelche Gedanken kommst, und wenn du deinen unhübschen Hofhund bei dir hast, dann kommt auch keine andere Russin an dich ran, verstehst du? In der Sache liegt Methode. Also, meine Natascha macht ein bedrücktes Gesicht, und wie ich zur MOSFILM rauskomme, sagt Mario, daß die Kantine erst um elf Uhr aufmacht. Eine ganze Woche ist das so gegangen. Eine Woche ohne Frühstück. Und da hab ich dann genug gehabt von dieser Sache, und als die um acht das Frühstückszimmer aufgemacht haben, bin ich rein und hab alles bestellt, was da war, Rühreier und Schwarzbrot und starken Kaffee und Kaviar mit Wodka dazu, und ich sage dir, das ist ein Fest geworden! Irgendwann ist der Fahrer gekommen, aber den hab ich weggeschickt, und danach ist der zweite Produktionsassistent angelaufen gekommen und hat gesagt, daß alle warten, und ein bißchen später stand auch noch der erste Assistent vor mir am Frühstückstisch, und ich hab geflucht wie'n Russe und hab gesagt, daß jetzt erst mal gefrühstückt wird und Schluß und fertig! Irgendwann so gegen halb elf bin ich dann im Studio aufgekreuzt, und Mischa Kalatozow hat auf mich gewartet. Das ist ein wunderbarer Mann gewesen, aber inzwischen ist auch er gestorben. Manchmal denke ich, daß sie mir alle wegsterben. Michail Kalatozow, groß wie ein Bär, mit weißen Haaren und weit über siebzig. Der sah aus wie einer von diesen Bojarenfürsten früher. Ein grandioser Regisseur. WOHIN DIE KRANICHE ZIEHEN ... Kannst du dich an den Film erinnern? Eben, der ist wirklich gut gewesen. Also ... Mischa wartet auf mich, in seiner Garderobe, und vor sich hat er einen Samowar und 'ne Schachtel Kekse, und dann sagt er: ›Charrrdy, o Charrrdy ... was ist das nurrr für ein Land, das seine Künstler aus dem Westen so bechandelt ... Kein Frrrühstück ... eine ganze Woche lang kein Frrrühstück! Ich bin beschämt ... Komm cher, Frrreund Charrrdy, setz dich nieder ... chier ist Tee und Kekse ... chier ist Frühstück ...‹ Also, das ist ja sehr nett, sage ich, wirklich Mischa, und ich danke dir auch sehr, aber heute habe ich schon gefrühstückt, und zwar reichlich, aber er will davon nichts hören, und manchmal denke ich, daß ich mich als 'ne Art von Strafe da hab zu ihm setzen müssen, fürs Zuspätkommen, verstehst du, und die ganzen Kekse aufessen und den Samowar leertrinken. Na, jedenfalls haben wir dann eine Probe gemacht, und um zwölf Uhr sagt der erste Assistent, daß jetzt Pause ist, und wer 'ne Zigarette rauchen will, soll rausgehen an die frische Luft. Das ist 'ne lange Pause geworden, und irgendwann hab ich den Assistenten gefragt, was denn los ist, warum die lange Pause, und da erzählt der mir, daß Mischa in einer Konferenz ist und zwar mit den Produzenten und dem Direktor von MOSFILM, und im übrigen geht das Ganze um mein Frühstück. Ich hab das für einen Witz gehalten, aber Mario hat gesagt, warte nur ab, das ist kein Witz, die Russen kriegen so was fertig ... Und dann, so gegen eins, kommt Mischa raus aus der Konferenz, und da machen sie erst mal Mittagspause. Ich hab natürlich keinen Hunger, nach zweimal Frühstück hast du eben um ein Uhr nicht schon wieder Hunger, aber Mischa sitzt neben mir in der Kantine und meint, daß es Zeit ist, gut zu essen, und dann sagt er: ›Also Charrrdy, ich habe jetzt lange gesprochen, am Telefon, mit dem Minister für Tourismus‹, und ich lache, weil das doch sicher wieder mal so'n Scherz ist von ihm, aber er sagt: ›Nein, kein Scherrrz, Charrrdy, und der Minister ist auch sehrrr beschämt, weil so ein Künstler aus dem Ausland kein Frühstück bekommen kann bei uns, und er sagt, daß er es rrregeln wird mit dem Administrator vom SOWJETSKAJA, und ab jetzt sollst du das so machen: Wenn du aus dem Lokal kommst, abends, und hast deinen Wein getrunken mit Finchy und Sean und mit Marrrio, dann gehst du im SOWJETSKAJA zum Empfang, und da ist eine Frrrau, die spricht Deutsch, und der sagst du ... Also morgen frrrüh, sagst du zu ihr ... sechs Uhr ... Rrrühreier ...

Tee ... Kaviar ... Wodka ... und alles auf mein Zimmer, und du wirrrst schon sehen, alles ist jetzt wunderrrbarrr.‹ Also gut, ich komm abends aus dem Lokal mit den andern Jungs, und ich schick Natascha schlafen, und im SOWJETSKAJA gibts tatsächlich eine Frau, die deutsch spricht, und zu der sage ich: Morgen früh, halb sieben, Wohnung 5, Kaffee, Rühreier, Brot und Kaviar, und die Frau sieht mich an und sagt: ›Njet‹. Moment mal, sage ich zu ihr, der Minister für Tourismus hat mit dem Administrator telefoniert, und vielleicht wissen Sie das nicht, aber er hat hier angerufen, und da nickt die Frau und sagt: ›Ich weiß, daß der Minister den Genossen Administrator angerufen hat, aber da hat der Administrator gesagt, Genosse Minister, du weißt doch ganz genau, daß meine Frühstücksbrigade nicht anfängt mit der Arbeit vor acht Uhr ...‹«

Luv lehnt sich auf der roten Polsterbank zurück und schüttelt den Kopf und lacht. Die dicke Kellnerin hat alles mitangehört. »So möcht das schon gewesen sein ...« Sie nickt bedächtig. »So ist das schon bei uns ...«

Es ist ein langer Weg. Du merkst allmählich, daß dieses Land doch riesig ist. Schläfrigkeit macht sich in dir breit. Wir lauschen auf das Poltern der Räder über die Gleise. Die Landschaft draußen will sich nicht verändern. Und auch die Geräusche werden monoton. Manchmal kommt ein Bahnhof. So alle Stunde mal. Wenn wir da länger als drei Minuten bleiben, läßt uns Aluzahn nach draußen in die Freiheit springen. Wir laufen über die Schienen. Und sehen zu den Katen in den Dörfern hin. Ganz selten steigt hier mal ein neuer Fahrgast zu. Die kleinen Bahnhofshäuser sind auch aus Holz. Schon in den ersten Tagen der Transsib hat es die flachen Häuser hier gegeben. Wenn ein Denkmal auf so einem Bahnhof steht, ist es Lenin. Ständig hat er seinen Mantel an. Und die Haltung ist fast immer gleich.

Doch dann steht er einmal anders da. Auf den Zehenspitzen. Größer werdend. Nach vorn gelehnt. Und den Arm hoch ausgestreckt.

Luv stellt sich neben ihn und reckt auch den Arm in die Luft: »Hallo Taxi!«

Dann stößt die Lokomotive einen Ton der Warnung aus. Zweimal kurz. Alle Mann an Bord! Die Matrioschka winkt mit ihrem gelben Stab. Wir rennen zurück zum Zug und springen auf und legen uns wieder auf unsere Kojen und lassen uns in die Erkenntnis fallen, daß es nichts zu tun gibt. Gar nichts. Kein Telefon. Keine Verabredung. Keine Verpflichtung. Losgelöst von allem. Und von allen. Unerreichbar.

Wir schlafen viel. Dösen. Lesen. Ich blättere in meinen Notizen:

ÜBER DEN BAU DER TRANSSIBIRISCHEN EISENBAHN

Der ursprüngliche Plan einer Eisenbahn durch Sibirien stammt von Graf Murajew, den der Zar schließlich doch noch als Generalgouverneur in den Fernen Osten zurückgeschickt hatte. 1857 ließ er eine 60 Kilometer lange Trasse durch Sümpfe und Wildnis bauen. Sie reichte von Alexandrowsk an der Pazifischen Küste bis Sofijsk am unteren Amur. Die Weiterführung der Trasse hätte durch Gebiete des Chinesischen Kaiserreiches geführt. Murajews Absicht, sich die erforderlichen Landstriche gewaltsam zu unterwerfen, wurde von der russischen Regierung nicht genehmigt.

Zur gleichen Zeit hatte ein englischer Ingenieur namens Dall die Idee, eine Schienenbahn von Nischnij Novgorod (das heutige Gorkij an der Wolga) nach Sibirien zu verlegen. Als Antriebsmittel dachte er an sibirische Wildpferde, die er einfangen und vor die Wagen spannen wollte. Der Plan wurde abgelehnt.

Auch der Entwurf des ehemaligen Gouverneurs von Tomsk wurde verworfen. Der Mann hieß Suprenenko. Sein Plan: die sibirischen Städte Tjumen und Irkutsk durch eine dreitausend Kilometer lange Pferdebahn zu verbinden. Um die Zugtiere vor der grimmigen Kälte zu schützen, wollte er auf der ganzen Strecke einen hölzernen Tunnel errichten.

Während der nächsten dreißig Jahre wurden unzählige andere Projekte eingereicht und verworfen. Der chronische Geldmangel des Zarenreiches verhinderte selbst vernünftige, rationelle Pläne zum Bau der Bahn.

Als Graf Murajew 1872 am Pazifischen Ozean den Kriegs- und Handelshafen Wladiwostok gründete, wurde der Bau der Transsibirischen Eisenbahn zur Notwendigkeit. Denn Wladiwostok war vom europäischen Rußland abgeschnitten. Eine Reise über Land war nur unter größten Opfern möglich, und eine Schiffsreise vom Schwarzen Meer aus nahm zuviel Zeit in Anspruch. Selbst vom Hafen Kronstadt aus hatte die russische Ostseeflotte eine Fahrt von 12 600 nautischen Meilen bis Wladiwostok vor sich. Noch dazu durch das stürmische Nordmeer.

Drei Jahre vor der Gründung von Wladiwostok hatten die Amerikaner bereits ihre Eisenbahn von der Ostküste bis nach Kalifornien vorangetrieben. Die UNION PACIFIC und die CENTRAL LINE hatten als erste in der Welt einen ganzen Kontinent erschlossen. Auch dieses Beispiel führte noch lange nicht zum Bau der Bahn.

1886 machte der Generalgouverneur von Irkutsk seinem Zaren durch Kuriere Mitteilung davon, daß die Chinesen ihre Interessen stärker denn je auf das Amur-Gebiet ausdehnen.

1887 trafen Kuriere mit alarmierenden Informationen am Zarenhof ein: Die Chinesen hatten eine Telegrafenleitung durch die Mandschurei verlegt, und englische Ingenieure waren bereits bei der Planung einer Eisenbahn durch die Mandschurei mit Richtung auf Wladiwostok.

Doch Rußland ließ sich, wie immer, sehr viel Zeit. Erst

1891, als Tausende von Bauern vor einer großen Hungersnot nach Sibirien flüchteten, wurde der Bau der Bahn genehmigt. Es sollte gleichzeitig im Osten und im Westen begonnen werden. Bereitgestellte Mittel: 90 Millionen Goldrubel. Umgerechnet 18 000 Rubel für jede Meile.

Am 17. März 1891 schickte der Zar über die lange Kette seiner Kuriere einen Brief an seinen Sohn Nikolaus, Großherzog und Zarewitsch, der sich zu dem Zeitpunkt in Wladiwostok aufhielt.

›Eure Kaiserliche Hoheit!

Nachdem Ich die Order gegeben habe, eine durchgehende Eisenbahn über ganz Sibirien hinweg zu errichten, die unsere reichen sibirischen Provinzen mit dem Eisenbahnsystem im Inneren des Reiches verbinden soll, betraue Ich Sie mit der Durchführung meines Willens. Gleichzeitig wünsche Ich, daß Sie in Wladiwostok den Grundstein für die Ussuri-Bahn legen, welche einen Teil der Sibirischen Eisenbahn bildet und die auf Kosten des Staates, unter Aufsicht der Regierung, errichtet wird. Ihre Teilnahme an der Vollendung dieses Werkes wird Zeugnis ablegen für Mein inniges Verlangen, die Verbindungen zwischen Sibirien und den anderen Gebieten des Reiches zu fördern, und Mein außergewöhnlich eifriges Verlangen nach Absicherung eines friedlichen Wohlgedeihens dieses Landes kundzutun.

Ich flehe den Segen des Herrn herbei für die lange Reise durch Rußland, die vor Ihnen liegt.

Stets Ihr Sie aufrichtig liebender Alexander.‹

Der Zarewitsch legte den Grundstein, und der Bau der Transsibirischen Eisenbahn hatte begonnen. 1904, also rund dreizehn Jahre später, rollte der erste Zug über die gesamte Strecke.

In der Hitze des Nachmittags fällt die Klimaanlage aus. Da wird deutlich spürbar, daß es im Zug keine Duschen gibt. Dünste der vielen Körper ziehen den langen Gang entlang. Und von der Toilette her kommt unerträglicher Gestank. Die Tür, die uns von dem Abteil der Matrioschkas und der Toilette trennt, steht ständig offen. Alle paar Minuten mache ich sie zu. Weil dann der Gestank da vorne bleibt. Doch nur für kurze Zeit. Der nächste Russe, der durch die Tür kommt, läßt sie wieder offen.

An dem einzigen Fenster, das sich einen Spalt weit öffnen läßt, lehnt heute der Mann, der mich in Birobidzan angestarrt hat. Die Tür war verriegelt, und wir haben uns durch die schmale Scheibe angestarrt. Er hatte einen kleinen Jungen bei sich. So elf, zwölf Jahre alt. Jetzt steht der Mann vor dem Fenster und hebt den Jungen zu dem Fahrtwind hoch, der durch den Spalt gewirbelt kommt.

Der Mann ist freundlich. Mit einem breiten Lächeln. Er hat sich das Lächeln eingemeißelt in sein Gesicht. Doch die Wehmut in den Augen hat er nicht weggeschafft. Seine Augen passen nicht in dieses Lächeln.

Als ich sage, daß es verdammt heiß ist heute, schüttelt er den Kopf. Ich habe es auf englisch gesagt, und weil ich sehen kann, daß er mich nicht versteht, versuche ich es noch in anderen Sprachen, und dann sage ich auf deutsch zu ihm: »Finden Sie nicht, daß es vom Klo her heute ganz bestialisch stinkt?« Da zieht noch mehr Leuchten in sein Lächeln, und er stampft mit den Füßen auf, wie ein Kind, das glücklich ist und tanzen will, und er sagt zu dem Jungen neben ihm: »Habe ich es dir nicht gleich gesagt, Kosta, der Herr spricht Deutsch . . . Spricht unsere Sprache!«

Ich frage ihn, ob er denn auch Deutscher sei, und er sagt, nicht mehr, er ist es einmal gewesen, als er in dem Alter war wie Kosta heute, aber jetzt lebt er in Jakutsk, das ist eine Stadt weiter im Norden, auch in Sibirien, an der Lena gelegen, und von dem Fluß habe ich sicher schon einmal gehört. Wir stehen an dem Fenster und haben viele Fragen, weil jeder das Leben des anderen zu ergründen sucht. Und dann geschieht etwas, das unter Millionen Begegnungen sicherlich nur einmal vorkommt, weil es soviel Zufall gar nicht geben kann, denn der Mann nennt einen Namen: Curtis Binding.

Dann sagt er: »Ein Cousin von mir.« Der Mann sagt: »Ich bin zwar Russe, aber Curtis Binding ist ein Cousin von mir.«

Ich höre auf das Rattern des Zuges und sage: »Nennen Sie den Namen doch noch einmal, weil es ganz unmöglich scheint, daß Sie den Binding kennen.«

»Wissen Sie«, lächelt der Mann, »ich habe schon lange gelernt, daß es das Wort ›Unmöglich‹ eigentlich nicht geben sollte. Hier in Sibirien lernt man das sehr schnell.« Dann nickt er sich selber zu, wie einer, der sagt, in dieser Sache habe ich recht. »Ja, dieser Curtis . . . Ganz am Anfang hat er Kurt geheißen. Als ich ihn zuletzt gesehen habe, waren wir beide zwölf Jahre alt. In Berlin ist das gewesen, in der Zeit, die vor dem Hitler lag, und als der '33 Deutschland an sich riß, ist der eine Teil der Bindings nach New York geflohen, und wir nach Moskau, aber nach allem, was ich höre, ist Curtis Binding heute in den Staaten ein berühmter Mann, verstehen Sie?«

Ich schüttle den Kopf und geh den Whisky aus meinem Koffer holen. Ich hol die Flasche und zwei Becher und sage zu dem Mann am Fenster: »Kurt Binding ist ein guter

Freund von mir. Und darin liegt das Unglaubliche an unserer Begegnung hier in der Transsibirien-Bahn.«

Ich fülle die Becher voll, und der Mann sagt, daß er auch Binding heißt, Peter Binding, und das hat sich so zugetragen mit einer deutschen Familie in jenem Zeitabschnitt unserer Geschichte: Die Bindings fliehen in verschiedene Richtungen, und so wird aus dem Kurt ein Curtis, und den Peter machen sie zu einem russischen Pjotr.

Wir lehnen nebeneinander in dem Gang und haben das Rattern des Zuges in den Ohren, und die Stunden laufen jetzt schnell dahin. Einmal stellt sich ein Russe dazu und fragt, was das für eine Sprache ist, und Pjotr sagt zu ihm auf russisch: »Das ist Deutsch, was wir da sprechen«, und der Russe nickt und geht schnell weiter. Dann wird es Abend, und der kleine Kosta sagt, daß er vor dem Nachtmahl noch zu den anderen rübergeht in das Abteil, mal sehen, ob er nicht ein Schachspiel auf die Beine stellen kann.

»Kostas Mutter«, sagt der Mann. »Sie war mal meine Jugendliebe.«

Später sage ich zu ihm, daß ich noch nie jemanden getroffen habe, der hierher emigriert ist. Nach Sibirien. In die Sowjetunion.

»Werden Sie mit Curtis sprechen?« fragt er. »Über mich?«

»Ja«, sage ich. »Schon ziemlich bald.«

»Übermitteln Sie ihm meine innigen Grüße. Ich habe ihm nie geschrieben.«

Ich nicke. »Schwer vorzustellen, wie das damals so gewesen ist.«

»Wie meinen Sie?«

»Mit zwölf Jahren. Hier in diesem Land.«

Er löst sich von der Wand und stellt sich vor mich hin.

»Möglich«, sagt er. »Möglich, daß es für uns alle gut ist, wenn Sie es erfahren.«

»Ja«, sage ich. »Erzählen Sie.«

DIE ERSTEN JAHRE IM LEBEN DES PJOTR BINDING

Der Mann steht breitbeinig in dem Gang und fängt das Schwanken des Zuges ab. Als er den Whisky trinkt, schließt er die Augen. Dann sagt er: »Wissen Sie, es ist im Februar 1933 gewesen, und mein Vater hat versucht, das Ganze herunterzuspielen, aber dann hat er mir doch sagen müssen, daß wir Juden sind. Ich hatte immer geglaubt, daß wir Kommunisten seien, und nun waren wir mit einem Male Juden.

An dem Tag zuvor hatte es im Reichstag jenen Brand gegeben. Der Reichstag lag in einem anderen Teil der Stadt, weit entfernt von der Wohnung, in der wir lebten, und selbst in der Nacht hatten wir das Feuer nicht am Himmel sehen können. Der Name meines Vaters war Wilhelm Binding, und er war Abgeordneter der Kommunistischen Partei. Nun, an dem Morgen nach dem Brand war er schon früh zurückgekommen und hatte angefangen, ein paar Sachen einzupacken. Ich mußte auch meine Sachen packen. In einen Rucksack. Vater sagte, daß wir keine Koffer nehmen würden, denn keiner dürfe glauben, daß wir weglaufen aus Berlin. Es sollte aussehen, als ob wir nur mal kurz aufs Land rausfahren würden.

Vater hat ein ganz rotes Gesicht gehabt, und er ist außergewöhnlich erregt gewesen, denn Sie müssen bedenken, der Reichstag brannte, und er hätte es nie für möglich gehalten, aber von einem Tag zum anderen ist unser Leben anders geworden. Unterbrochen. Eine Art von wurzellos geworden.

Lassen Sie mich Ihnen diesen Wilhelm Binding schildern: Ein großer, dürrer Mann mit einem Kopf voller schwarzer, langer Haare. Manchmal ging er etwas krumm, nach vorn gebeugt, aber eigentlich ist er doch recht groß gewesen.

An jenem unglückseligen Tag hat er zu mir gesagt: ›Dieser Hitler ... Es ist damit zu rechnen gewesen, daß er die Juden verfolgen wird. Und auch die Kommunisten. Aber wir haben geglaubt, daß wir das Schlimmste verhüten können. Und keiner von uns hat so schnell mit diesen Verfolgungen gerechnet. Seit vier Wochen erst ist er Kanzler. Und jetzt brennt der Reichstag, und die Regierung behauptet, es sollen die Kommunisten gewesen sein, die ihn angezündet haben ... Die ersten von uns sind schon verhaftet ...‹

Es ist so gekommen, daß wir am hellen Mittag zum Bahnhof gegangen sind. Als wir auf dem Perron standen, habe ich überlegt, ob es nicht besser wäre, von so einer Telefonzelle aus meine Mutter anzurufen und zu sagen, daß wir flüchten müssen, aber Vater hatte es ihr nie vergeben, daß sie bei diesem anderen Mann in die Wohnung eingezogen war, und deshalb kam das mit dem Telefonieren wohl auch nicht in Frage.

Es war ein guter Plan gewesen, nicht erst lange abzuwarten, wie sich alles entwickeln würde, denn wir sind unbehelligt bis in den Bayerischen Wald gekommen. Nach so wenigen Stunden standen unsere Namen eben noch nicht im Fahndungsblatt. In einem Sägewerk fand Vater einen Genossen, der ständig lachte. Der Mann sagte, daß er die

Grenze ebensogut kennt wie den Bauchnabel seiner Verlobten, und den Tag darauf waren wir bereits in Prag.

Nun, ich will Ihnen nicht verhehlen, daß es gar kein schlechtes Leben war in so einem neuen Land. In der Schule mußte ich zwar diese Sprache lernen, die mir harsch erschien, aber was weiß so ein kleiner Junge schließlich schon von Sprachen ...

Jeden Nachmittag warteten die anderen Jungens auf mich, alles fortgelaufene Berliner. Ein paar Mädchen waren auch darunter, und die Väter bauten eine neue Gruppe auf und gaben ihr den Namen ›Kommunistische Emigrationsführung‹.

Dann wurde ich zwölf, und an dem Tag marschierten Hitlers Truppen in meine neue Heimat ein, und ich dachte so bei mir, daß es gar nichts besonderes sei, weiterzuwandern. Wer erst mal losgewandert ist, dem macht das Weiterwandern nicht viel aus. Eine Woche später stand ich an der Moskwa, und wir liefen durch die Gärten des Kreml, und ich sagte mir, daß ich schon ganz schön rumgekommen bin auf dieser Welt. Ich fand es gut, Russisch zu lernen, weil es eine Sprache war, die mir gefiel. Mein Vater hatte jetzt viel Zeit für mich, denn außer den Sitzungen der Emigrierten gab es kaum mal was zu tun, und einer vom Komitee brachte uns jede Woche so viel Rubel, daß wir davon leben konnten.

Im Herbst darauf ging eine Veränderung in meinem Vater vor. Er stand oft am Fenster und stierte in den Himmel.

Abends kamen die anderen Väter und saßen um den Tisch herum vor meinem Bett, und sie dachten, daß ich schliefe, aber ich konnte nicht schlafen, weil, sehen Sie, die Männer sprachen von der großen ›Tschistka‹, und Sie müssen wissen, daß das diese große Säuberung gewesen ist, Tschistka, und wenn die Väter davon sprachen, dann war es so, daß die Angst wie Tausende von schwarzen Spinnen zu mir hinkroch in mein Bett.

Am Ende des Herbstes wurde der Himmel durchsichtig und kalt. Das war wie ein gefrorener Himmel, und an den Abenden saßen nur noch zwei Männer bei meinem Vater am Tisch, manchmal drei, und von den anderen Vätern sprachen sie nur ganz selten mal. Morgens blieb mein Vater meist im Bett, und ich hatte große Angst davor, daß der dürre Mann sterben könnte, weil der so schweigsam in dem Bett rumlag, aber Vater sagte, daß ich mir um Gottes willen keine Sorgen machen soll. Weißt du, hat er gesagt, es ist die Einsamkeit, du wirst das schon noch einmal selber spüren.

Nun, ich glaube heute, daß es nicht nur die Einsamkeit gewesen ist. Es war auch eine tiefe Wut. Weil alles sinnlos werden wollte. Bedenken Sie: Stalin hatte mit Hitler einen Pakt geschlossen, und war das denn nicht Verrat, so ein Nichtangriffspakt mit den Massenmördern in der alten Heimat? Die Verzweiflung hat in dem Mann gesessen. Und ihn wie tot gemacht. Betäubt. Ich wußte, daß Vater recht hatte. Auf eine gewisse Weise hatte der Vater da ganz recht, aber es gab dann immer noch die Frage, ob denn alles, was die da oben machten, diese Großen, ob das denn jedes Mal eine andere Art zu leben mit sich bringen sollte für so kleine Leute wie die Bindings.

Drei Jahre später gab es Krieg, und es war fast so, als fände der Vater alles wieder, was er einmal aufgegeben hatte. Die Freude. Seine Hoffnung. Und das stoßweise Lachen aus dem dürren Körper. Ich nehme an, daß Sie mich verstehen.

An einem Morgen sind wir beide wortlos durch die Stadt gelaufen, und dann ist Vater bei einer von diesen Meldestellen stehengeblieben und hat gesagt: ›Du mußt nicht glauben, daß ich so furchtbar tapfer bin. Aber, weißt du, endlich etwas gegen die Nazis tun zu können . . . das ist wie eine Befreiung.‹

Ich erinnere mich, daß der Schnee in dem Jahr recht früh gefallen ist, und an einem Tag mit wirbelnden Flokken hat der Mann vom Komitee die Todesnachricht gebracht. Er sagte, wenn es ganz schlimm kommt, muß man auch mal an Shakespeare denken: ›Meiner Treu, was geht's mich an; ein Mann kann nur einmal sterben; wir schulden Gott einen Tod, und wie's auch gehen mag, wer dieses Jahr stirbt, braucht's im nächsten nicht mehr zu tun.‹

Ja, so hat er gesprochen, und dann hat er mich in ein Internat gebracht, das man für die Söhne gefallener Funktionäre eingerichtet hatte. Die Schule lag weit draußen im Osten von Moskau, und es wimmelte von Schülern, die eine größere patriotische Haltung an den Tag legten als die meisten Leute. Gleich am ersten Abend bin ich dem Mißtrauen der anderen Schüler begegnet, und ich höre noch heute ihre Anschuldigungen in meinen Ohren: Armes Moskau, bist schon eingekreist! Am Westrand belagern uns Faschistenpanzer, und hier ist bereits der erste Hitlerjunge aufgetaucht!

Nun müssen Sie wissen, daß ich noch nie sehr viel davon gehalten habe, wenn sich zwei Männer blutig prügeln. Es ist so widerwärtig anzusehen, finden Sie nicht? Armselig. Würdelos, und deshalb hatte ich mir von klein auf vorgenommen, daß ich mich niemals prügeln würde.

Nun, es ist so gewesen, wie ich es zu verstehen gebe: Die ersten Jahre sind schwer für mich gewesen, aber später dann haben die anderen Knaben eingesehen, daß ich genau so einer war wie sie, und da haben sie mir meinen neuen Namen geschenkt, Pjotr, und von da an fand ich mein Leben recht gut auf dieser Schule. Bedenken Sie: Es war wichtig, auf einer kommunistischen Schule zu sein. Kommunismus. Von COMMUNIS. Lateinisch. Gemeinsam. Es ist ein schöner Gedanke, sich vorzustellen, daß jede Art von Privateigentum abgeschafft wird. Eines Tages. Überall auf dieser Welt. Und die Produktionsmittel gehen in das Eigentum der Menschen über. Aller Menschen. Und der Konsum wird so geregelt, daß es eine allgemeine Gütergemeinschaft gibt, in der alle Bürger gleich behandelt werden, und zwar was die materiellen Güter angeht, ebenso wie die kulturellen, und wenn das einmal erreicht ist, dann wird die Regierung nicht mehr lenken, sondern höchstens noch verwalten.

Die anderen Schüler sind damals recht neidisch auf mich gewesen, weil mir das Lernen so leicht gefallen ist. Ich stelle das fest, ohne jeden falschen Stolz, glauben Sie es nur, und in dem Jahr, als der große patriotische Krieg zu Ende ging, schickte die Partei mich zu ihrer Universität auf den Leninhügeln, und ich wußte nicht, wie ich meinem alten Lehrer zeigen sollte, daß ich dankbar gewesen bin. Sie werden es kaum für möglich halten, aber alles, was mir eingefallen ist, war der törichte Satz: ›Weißt du, Genosse, es fehlt nur noch, daß der Partei Brüste wachsen, und ich würde Mutter zu ihr sagen.‹«

Der Mann lehnt den Kopf zurück und lacht. »Können Sie sich so etwas denken?« sagt er. »Jugendlich und romantisch und kommunistisch.« Das Poltern der Räder deckt sein Lachen zu.

»Später ist alles gut gewesen«, sagt er dann. »Dieses Leben auf der Universität war dergestalt, daß ich mir zunächst ein besseres Leben gar nicht denken konnte. Doch dann sah ich die Eintönigkeit der Ernsthaften, und ich fand, daß es auch das Lachen geben sollte. Fröhlichkeit. Die Heiterkeit war nicht da, in meiner Welt. Sie hatten das Leben der Studenten angefüllt mit einer Ernsthaftigkeit, die in den Büchern steckt. Und in den Forderungen der Partei. Humorlos. Ja, das Wort trifft zu. Wenn es eine Sache zu kritisieren gab an den Oberen dieser Partei, dann war es so, daß sie den Humor verloren hatten. Vielleicht hatten sie ihn ja auch abgeschafft. Von Anfang an. Revolution und Humor, das verträgt sich wohl nicht so recht.

Nun, so ging die Zeit dahin, und dann lernte ich dieses Mädchen kennen, Irina, und sie war ein so heiterer kleiner Wirbelwind. Sie wußte auch schon mit der Liebe umzugehen, es war tatsächlich so, und deshalb will ich auch nicht mit falscher Scham von ihr erzählen. Ich sage Ihnen, wenn das Mädchen lachte, dann sah selbst der schwere Winterhimmel heiter aus. Irina war in ihre eigene Fröhlichkeit verliebt, und ich habe erkannt, daß die Jahre vor Irina bedeutungslos gewesen sind für mich. Monoton. Man konnte es beim besten Willen nicht ein Leben nennen. Was soll denn das schon für ein Leben gewesen sein, ohne dieses Mädchen und ihr Lachen?

Nun, dann kam der Sommer 1952, und ich versuchte, das Ganze so leichtfertig wie möglich klingen zu lassen, aber schließlich mußte ich Irina doch sagen, daß ich die Absicht hatte, nach Sibirien zu gehen. Ich sagte: ›Weißt du, das ist das Land, das uns am Leben halten wird. Uran. Gold. Erdgas. Öl. Sieh einmal, Sibirien . . . Das ist der Wilde Osten, verstehst du, was ich meine?‹

Nein, sagte sie, das verstehe ich nun wirklich nicht, und

da habe ich ihr von den Filmen erzählt, die ich gesehen hatte, früher, als kleiner Junge, in Berlin, und das sind Filme aus dem Wilden Westen gewesen. Buffalo Bill. Tom Mix. Cowboys. Und Goldsucher.

Irina hat diese Filme ja nie erleben können, aber ich sagte ihr, in Sibirien geht das sicher ähnlich zu, Sibirien ist unser Wilder Osten.

Irina hat aus dem Fenster gesehen und nachgedacht, und ich habe gesagt, daß es zwar eine ausgesprochen dekadente Überlegung ist, eine Angelegenheit der Bourgoisie, aber es wäre gut, wenn sie jetzt ja sagen würde. Zu meinem Wunsch, mit ihr verheiratet zu sein. Weil ich das Glück mit nach Sibirien nehmen wollte.«

Pjotr Binding sieht mich von der Seite an. »Ja. So ist das gewesen. Ich wollte Irina bei mir in diesem Wilden Osten haben. Ob Sie das wohl verstehen? Dieses Mädchen und ihr Lachen.«

»Ja«, sage ich. »Nach allem, was ich hier so sehe . . . Ich verstehe das sehr gut.«

»Nun«, sagt er. »Sie ist nicht mitgekommen. An dem Tag hat sie nur gesagt: ›Sibirien . . .‹ Dann hat sie aus dem Fenster gesehen. So, als wäre ich gar nicht da.«

NACHTMAHL IN SIBIRIEN

Am Abend macht die Sonne den Speisewagen so blendend hell, als hätte sich der Tag angehalten und es wäre eigentlich noch immer Mittag. Die Kellnerin sagt, sie braucht die Speisekarte gar nicht erst zu holen, da steht doch nichts drauf, denn der Proviant ist ihr ausgegangen, und sie hätte ganz gerne selber mal gewußt, wie so was nur passieren kann, kein Proviant mehr da in der Kombüse, aber so was passiert schon mal auf so einer langen Strecke, und außer Schweinefleisch gibt's jetzt nichts mehr.

»Ja«, meint Pjotr Binding, »das ist schon ein Problem . . . So viele Stationen . . . Und so wenig Proviant.«

Die Kellnerin sagt, es ist gut, daß wir die Lage so deutlich erkennen, und außerdem ist es mit dem Wein kein bißchen anders, denn es gibt nur noch eine Sorte, roten aus Georgien.

Der Wein ist schwer und süß. Wir essen schwarzes Brot dazu. Wenn du Salz auf dein Brot streust, geht das mit der Süße in dem Wein schon irgendwie in Ordnung. Pjotr Binding sagt, wir sollten das Schweinefleisch lieber nicht bestellen, weil da doch kein Streifen mageres Fleisch dran sein wird.

Außer Fett kann da nichts dran sein, denn die durchwachsenen Stücke hat die Kellnerin schon den Männern verkauft, die in den Sägewerken arbeiten. Wenn der Zug bei einem Sägewerk gehalten hat, sind die Männer über den Speisewagen hergefallen und haben alles gekauft, was noch in der Kombüse war. Hauptsächlich Fleisch. Aber auch Wein. Und Wodka.

Ich sage, daß ich das schon immer mal habe essen wollen, Fettes vom Schwein und süßen Wein dazu, und Luv bestellt das Gleiche auch, aber als die Teller vor uns stehen, kriegen wir keinen Bissen runter. Weißes Fett in fetter Soße, und dann schwappt auch noch alles über einen Hügel Reis hinweg.

»Boy o boy«, sagt Luv. »Es knirscht. In dem Reis verstekken sich 'ne Menge Steine.«

»Lassen Sie uns noch eine Flasche Wein trinken«, meint Pjotr Binding. »Auf der nächsten Station kaufen wir von den Bauersfrauen alles mögliche Gemüse, und so machen wir ein vegetarisches Fest daraus.«

Der nächste Bahnhof sieht wie alle anderen hier an dieser Strecke aus. In dem vielen Grün der Taiga steht ein flaches Haus. Das Dach ist aus Asbest. Gewellt. Graue Farbe blättert von den Wänden. Sorgsam geschnitzte Ornamente rahmen alle Fenster ein, aber du nimmst sie kaum wahr, denn das, was früher einmal bunt war, fröhlich leuchtend, ist heute tot, von vielen Stürmen weggewittert.

Hinter den Schienen stehen Bauersfrauen. Sie haben Kinderwagen mitgebracht. Die alten Gestelle sind schwer beladen.

»Sehen Sie nur«, ruft der kleine Kosta, »Tomaten ... Gurken ... Pellkartoffeln! Speck! Hartgekochte Eier!«

Luv sagt, das ist nun aber eine merkwürdige Art von Kreislauf, weil doch die Leute aus dem Dorf den Speisewagen leer kaufen, und die Leute aus dem Zug kaufen die Dörfer leer, aber Pjotr lacht nur und hebt die Schultern und steigt eilig hinter seinem Sohn die vier steilen Stufen zu den Schienen runter.

Der Zug hält hier nur drei Minuten, aber Binding tastet jede Tomate ab und läßt sich den Speck sorgsam in Zeitungspapier einwickeln, und weil es keine Tüten gibt, hebt Luv den Saum ihres Kleides hoch und wird selbst zu so einer Bäuerin, die die Früchte des Feldes auf nackten Beinen davonträgt. Im Sucher meiner Kamera sieht das wie ein Gemälde aus, doch dann schiebt sich die Hand eines Polizisten vor mein Objektiv: »Njet!«

Ich sage zu dem Mann, daß er seine Hand da wegnehmen soll, denn was ich da fotografiere, ist meine Frau und nicht irgend so ein sowjetisches Staatsgeheimnis, aber da kommt Binding eilig angelaufen und ruft, es liegt an dem Bahnhofsgebäude im Hintergrund, und so ein Foto ist verboten, weil selbst so eine windschiefe alte Kate tabu ist, wenn sie neben ein paar Schienen steht. Er hebt die Schultern. Um Verständnis bittend. In die Furchen seines Gesichtes zieht ein Lächeln wie Verlegenheit.

Dann peift die Lokomotive ihr Warnsignal, und der Zug rollt an. Ich ziehe Luv die steilen Stufen zum Speisewagen hoch. Wir legen unsere Beute auf den Tisch. Die Kellnerin stellt Brot dazu, Pfeffer, Salz und süßen Wein. Das wird endlich mal ein Abendbrot. Ratternd. Schwankend. Ein Nachtmahl unter einem Himmel, der sein Licht nicht ausgehen lassen will an diesem Tag. Irgendwo mittendrin in diesem endlosen Sibirien.

DAUERFROST

Es war jetzt gemütlich im Speisewagen, und der Cognac, den die Kellnerin herbeigebracht hatte, half bei der Gemütlichkeit ganz kräftig mit.

»Sie müssen sich das so vorstellen«, sagt Pjotr Binding, »daß es am Anfang gar nicht leicht ist für eine Frau, wenn der Mann sagt, daß sie ihn heiraten soll, weil er nach Sibirien geht, aber wenn genügend Liebe da ist, dann geht sie eben mit. Und außerdem stimmt es schon, wir Menschen sind Gewohnheitstiere. Fragen Sie Irina heute nur mal, wo ihr Zuhause ist, und sie wird sagen: ›Jakutsk‹.«

»Und warum?«

»Nun, es ist ein gutes Leben. Wir haben die Genehmigung erhalten, ein Haus zu kaufen. Ich befinde mich in einer guten Position, verstehen Sie, Wissenschaftler am Forschungszentrum PERMAFROST. Meine Frau ist Lehrerin. Sie gibt Mathematik, Chemie und Physik. Und dann haben wir noch Kosta. Er ist ein Sohn, der uns viel Freude macht. Haben Sie gesehen, wie brav er aufgestanden ist, als ich gesagt habe, daß es Zeit ist, schlafen zu gehen? Wie gern wäre er noch hier bei uns sitzengeblieben, aber er ist in unser Abteil zurückgegangen, ohne Widerspruch.« Pjotr Binding fährt sich mit den Fingerspitzen über die Stirn. »Anfangs ist es schwer gewesen für Irina, das will ich gerne zugeben. Wegen der endlos langen Winter. Acht Monate lang. Die Sommer sind kurz und heiß, bis zu 50 Grad kann die Hitze im Sommer steigen, und im Winter sind 60 Grad minus durchaus keine Seltenheit. Und dann gibt es auch noch das Phänomen dieser gefrorenen Nebel.«

»Wie meinen Sie das?« fragt Luv.

»Nun, Jakutsk liegt 500 Kilometer unterhalb des nördlichen Polarkreises, aber am Pol selbst ist es nicht kälter als in unserer Gegend. Bei Temperaturen, die tief unter dem Gefrierpunkt liegen, bilden sich normalerweise keine Nebel mehr. Nirgendwo auf der Welt. Weil die Luft zu trokken ist für eine Nebelbildung, verstehen Sie? Doch nun kommt der Mensch ins Spiel. Seine Ausdünstung erzeugt den Dunst, der nötig ist für Nebel. Seine Häuser stoßen Dünste aus, seine Fabriken, seine Autos, seine Tiere. Und so entsteht der Nebel, der von Menschen stammt. Wie eine dunkle Glocke stülpen sich diese Ausdünstungen über unser Leben, und da Sibiriens Winter so gut wie ohne Winde sind, verläßt uns diese dunkle Glocke auch nicht mehr, und es scheint, als hätte die Polarkälte den Nebel über uns festgefroren.« Er nimmt einen Schluck von dem Cognac und lächelt. »Aber Sie gewöhnen sich daran, wie ich bereits sagte. Sie gewöhnen sich daran, daß sich Eis an

Ihren Mundwinkeln bildet, daß Sie Ihre Nase massieren müssen, weil sie Ihnen sonst abspringt wie Glas, und daß Autoreifen vom Frost in Fetzen gerissen werden, und weil Sie wissen, daß gefrorenes Metall zerbricht, wenn Sie draufschlagen, schlagen Sie eben nicht mehr drauf.«

Ich sehe mir sein Lachen an und sage: »Forschungszentrum PERMAFROST ... Macht es Ihnen etwas aus, wenn Sie uns davon erzählen? Oder ist das auch wieder so eine Sache, die man nicht fotografieren darf?«

Jetzt lachen alle, und die Kellnerin schenkt noch einmal die Gläser voll.

»Es ist so«, sagt Pjotr Binding, »daß wir Russen erst sehr spät bemerkt haben, wo unsere Zukunft liegt. Seit Peter dem Großen haben wir gebannt nach Westen geschaut. Unsere Kultur haben wir aus dem Westen geholt, und unsere Industrien haben wir im europäischen Teil des Landes aufgebaut, zwischen Ural und Wolga. Doch seit kurzem wissen wir, daß unsere Zukunft nur im Osten liegen kann. In Sibirien. Unser Schicksal lebt im asiatischen Teil des Landes. Dies ist unser ›Shangri-La‹, unser ›Verlorener Horizont‹. Denn, bedenken Sie: Unter der Eisdecke Sibiriens liegen alle Elemente des chemischen Periodensystems verborgen. Alles haben wir hier: Erdöl, Kohle, Erdgas, Gold, Kupfer, Erz, Zinn, Asbest, Uran, Diamanten, Phosphate, Wolfram. Nennen Sie es nur - wir haben es. Und zwar in Mengen, wie sie die Menschheit sich bisher nur hat erträumen können.«

»Schon«, sagt die Kellnerin, »nur mußt du drankommen. Mußt Rollbahnen bauen, lange, lange Rollbahnen für die Lastwagen und mußt graben durch das Eis, weil du sonst ja nicht drankommst an das viele Öl und diese ganzen andern Sachen.«

»Die gute Frau hat recht«, sagt Pjotr und zündet sich eine Zigarette an. Dann legt er den Kopf nach hinten und stößt zwei schlanke Säulen Rauch durch seine Nasenlöcher zum Fenster hin. »Unter diesem Grün der Taiga liegt ewiges Eis. Wir rollen über einen Boden, der bis zu einer Tiefe von 300 Metern gefroren ist, ständig gefroren bleibt und niemals auftaut. In den heißen Sommern schmilzt nur ein wenig von der Oberfläche, und wenn das geschieht, dann sinken die Katen der Bauern noch etwas tiefer in den Schlamm und neigen sich zur Seite, doch im nächsten Winter frieren sie wieder fest, und dann stehen sie schief im Land, und wer sich hier nicht auskennt, könnte meinen, es sei der Wodka gewesen, der beim Bauen dieser Katen das Lot gehalten hat.«

»Und dieses ewige Eis«, will Luv wissen, »heißt das bei Ihnen ›Permafrost‹?«

»Richtig«, sagt Pjotr. »Anfangs haben wir in dem Eis unseren Feind gesehen, und uns gefragt, wie wir das Eis bekämpfen können, aber jetzt sind wir klüger und machen uns den gefrorenen Boden für unsere Pläne zunutze.«

»Wie das?«

»Nun, wenn wir ein Hochhaus bauen, beispielsweise, dann blasen wir heißen Dampf unter hohem Druck in das Eis hinein. Wir schmelzen es also, jedoch nur für kurze Zeit. Nur so lange, wie wir brauchen, um die Betonpfeiler acht Meter tief in den Schlamm zu treiben. Danach schließt der Boden seine Wunde. Er friert unsere Pfeiler ein, und wir erhalten ein kostenloses Fundament. Um nun sicher zu sein, daß unser Hochhaus im Lauf der Jahre nicht so windschief wird wie die Katen der Bauern, setzen wir es auf Stelzen. Auf diese Weise kann die kalte Luft unter dem Gebäude zirkulieren, und die Wärme aus den untersten Wohnungen kommt nicht an den Permafrost heran.«

»Das ist clever«, sagt Luv. »Erzählen Sie weiter.«

»Wenn es um Gold geht«, sagt Pjotr, »dann nehmen wir die Zeit zu Hilfe. Und auch die Sonne. Im ersten Jahr schmelzen wir das Eis der Oberfläche, und dafür bedienen wir uns der ganz normalen Solarenergie. Dann überfluten wir das Gebiet und lassen das Wasser bis zu einer Tiefe von zwei Metern wieder einfrieren. So entsteht eine Isolationsschicht, verstehen Sie, und das Wasser unter dieser Schicht setzt den Schmelzvorgang während des Winters fort, und im Frühjahr haben die Bagger leichtes Spiel und kommen ungehindert an das Gold heran.«

»Pjotr«, sagt Luv, »Ihr Lächeln taut auf wie das Eis da über Ihrer Goldmine.«

»Ja«, sagt er. »Mit der Natur als Verbündetem macht die Arbeit große Freude. Nun, unsere Sommer sind kurz, wie ich schon sagte, und die Kolchosen haben größte Mühe mit dem Anbau von Gemüse, weil ja die Zeit nicht reicht. Wenn Sie sich vorstellen . . . unsere Tomaten werden niemals rot . . .« Er lacht und trinkt und verschluckt sich an seinem Lachen. »Seit einigen Jahren knobele ich daran herum, wie ich Gas aus unseren Erdgasfeldern nach Jakutsk bringe, weil wir dann Gewächshäuser bauen können, und die beheizen wir auch die Winter hindurch mit eben diesem Gas. Klingt problemlos, wie? Nun ist es aber leider so, daß wir für die Gewächshäuser keine Röhren zugeteilt bekommen. Also, Frage: Wie bringen wir das Gas ohne Röhren nach Jakutsk? Antwort: Wir bauen einen Tunnel in das Eis und holen uns das Gas ohne große Kosten herbei. Quer durch den Bauch unseres großen Freundes Permafrost, wenn Sie so wollen.«

Wir schütteln die Köpfe und trinken und schweigen.

»Darüber hinaus«, sagt Pjotr Binding, »wissen Sie, wir haben auch noch Träume.«

»Träume?«

Er nickt. »Das Wort ›Sibir‹ stammt aus dem Tatarischen und bedeutet ›Morgenröte‹, oder auch ›Schlafendes Land‹, und wir träumen davon, das Land aufzuwecken und ein neues Leben herbeizuführen. Lachen Sie mich nicht aus, aber die Staudämme in unseren Flüssen werden schon bald so viel Elektrizität produzieren, im Überfluß produzieren, daß wir Städte unter Plastikkuppeln bauen könnten, und die beheizen wir mit dieser Elektrizität, und im Sommer kühlen wir sie damit, und die Menschen können sommers und winters ungeachtet aller Witterungen im Freien unter diesen Kuppeln leben.« Er sieht uns an. »Lachen Sie jetzt?«

»Nein«, sagt Luv. »Wir lachen nicht.«

»Und unsere Flüsse«, sagt Pjotr. »Sie laufen alle nach Norden und ergießen sich nutzlos in das eisige Meer. Was aber, wenn wir die Flüsse Sibiriens nach Süden leiten? Wir könnten Wüsten damit bewässern und aus Steppen Weizenfelder machen, und wir könnten verhindern, daß die beiden Meere da versanden, das Kaspische und das andere, das wir das Asowsche nennen.«

Ich sehe ihm zu, wie er die Karaffe nimmt und Cognac in die Gläser füllt, und dann sagt er: »Das würden keine Träume bleiben müssen ... Wenn die Rüstung nicht soviel Geld verschlänge ... Geld und Zeit ... Und Energie ... Dann würden das keine Träume bleiben müssen.«

In der Nacht stehen wir in dem kleinen Vorraum zwischen dem WC und der Ziehharmonika, die den Steg zum nächsten Waggon macht. So gegen elf Uhr ist die Sonne untergegangen, und kurz danach haben sich die Reisenden mit ihren Zahnbürsten in einer langen Reihe vor dem WC angestellt. Luv hat sich früh hingelegt, weil sie Halsschmerzen hat. Sie sagt, das sei meine Erkältung aus Japan gewesen, und jetzt hat sie die übernommen. Ich habe mir gedacht, das einzige, was bei so einer Sache hilft, ist Gurgeln, und habe ihr den Scotch gegeben. Luv hat wissen wollen, wo sie denn den Whisky nach dem Gurgeln hinspucken soll, wenn doch die Fenster nicht aufgehen und die Männer alle vor dem WC Schlange stehen, und ich habe gesagt, runterschlucken, und sie hat das Gesicht verzogen und hat runtergeschluckt.

Nicht viel mehr als eine halbe Stunde später verschwindet der letzte von den Männern in seinem Abteil, und Pjotr Binding macht mir ein Zeichen, daß ich mitkommen soll. Ich stelle mich zu ihm in den Vorraum und sage, daß dies der schlimmste Platz im Zug ist, den man sich denken kann, weil es vom Klo her unerträglich stinkt, und außerdem können wir hier nicht miteinander reden, sondern nur miteinander brüllen, denn das Gepolter der Räder kommt mit einer Lautstärke aus der Ziehharmonika, als wäre da drin ein Verstärker. - Pjotr nickt. Dann lehnt er seinen Rücken neben meinen an die Wand. »Sehen Sie einmal«, sagt er, »wenn ich Ihnen meinen Kopf zuwende, dann laufen meine Sätze das kurze Stück zu Ihnen an der Wand entlang. Ich brauche meine Stimme nicht zu erheben, und Sie verstehen trotzdem jedes Wort. Oder?«

»Ja. Erstaunlich.«

»Ich will es Ihnen nicht verhehlen«, sagt er dann. »Wenn wir uns in Jakutsk begegnet wären, hätte ich jedes Gespräch mit Ihnen vermieden. Es wird nicht gern gesehen, wenn sich ein Sowjetbürger mit einem Ausländer trifft. Man kann da leicht einmal denunziert werden. Dann wird man vorgeladen, zur Polizei, und es gibt eine ganze Reihe von Unannehmlichkeiten.« Er zündet sich eine Zigarette an, und das dauert ziemlich lange, denn die Zugluft von der Ziehharmonika bläst ihm das Streichholz immer wieder aus. »In so einer Eisenbahn ist das etwas anderes«, sagt er dann. »Im Zug sind wir nichts als eine Zufallsbekanntschaft, und es ist kaum damit zu rechnen, daß wir uns nach einer solchen Begegnung wiedersehen, also kümmert sich auch niemand um so eine Zufallsbekanntschaft in einer Eisenbahn.«

»Verstehe«, sage ich. »Aber es wäre mir lieber, wir könnten uns im Gang unterhalten, weil's da nicht so stinkt.«

Er sieht vor sich hin. »Sie sollten auch eine Zigarette rauchen«, sagt er dann. »Wer raucht, der riecht nichts mehr.«

Ich gebe ihm einen Becher voll Scotch und stecke mir eine von seinen Zigaretten an.

»Das Bahnpersonal hat die Musik abgedreht«, sagt er. »Nachts drehen sie die Musik ab, und wenn sie das tun, wird ein Gespräch im Gang nicht ratsam, denn die Mikrofone sitzen ganz sicher in den Lautsprechern.« Er sieht mich nicht an. »Wenn wir uns zu nachtschlafender Zeit im Gang unterhalten, geht das über unsere Zufallsbekanntschaft hinaus, verstehen Sie? Hier hingegen kann niemand Argwohn hegen. Wenn so ein Bahnbeamter vorbeikommen sollte, geht einer von uns in das WC hinein, und der andere tut so, als würde er geduldig warten.« Er lächelt. »Und sollte es hier im Vorraum ein Mikrofon geben ... das Gepolter der Räder deckt unsere Sätze zu.«

Dann schweigt er eine Weile. Später sagt er, daß ich sein Leben zweifelsohne schizophren finden müsse, denn er denke ja das eine und sage das andere. Schon, meine ich, aber ich kenne das, denn in meiner Jugend habe ich ganz ähnlich so gelebt, unter Hitler war meine Schizophrenie vergleichbar mit der seinen. Als ich das sage, wird er zornig. Sein Zorn überrascht mich, weil er mir so ohne jeden Übergang entgegenspringt.

»Wie können Sie nur!« ruft er. »Wie können Sie nur den deutschen Nationalsozialismus mit dem System unseres Staates vergleichen! Das hieße ja, die Basis unserer Existenz mit dem ideenlosen Geschwafel dieser Hitlerbande gleichzusetzen! Unser Staat ist auf den Lehren von Karl Marx aufgebaut, auf dem Marxismus-Leninismus, also auf einer Philosophie, die dazu angetan ist, das Leben aller Menschen würdevoll zu gestalten, und, wie soll ich sagen, sinnvoll zu machen! Ihr Nationalsozialismus hingegen hat nichts hinter sich gehabt als den Größenwahn von der Herrenrasse und den wahnwitzigen Gedanken von einem Großdeutschen Reich, das alle Völker Europas zu seinen Sklaven zu machen suchte.«

»Wenn Völker in Unfreiheit gehalten werden«, sage ich, »dann wird die Sache nicht dadurch besser, daß der eine Diktator sich auf eine Philosophie stützen kann und der andere wahrhaft krank ist.«

Er sieht eine Weile nachdenklich vor sich hin. »Da kann ich Ihnen nicht in vollem Umfang widersprechen«, sagt er dann leise. »Denn es ist wohl wahr, daß sich Stalin einer unendlichen Anzahl von Verbrechen schuldig gemacht hat ... Säuberungen ... Massenmorde ... Ausrottung unserer Intelligenz ... Unverzeihliche Verbrechen, und ich bin der Letzte, der das beschönigen möchte. Jedoch muß ich eines zu bedenken geben: Dies sind Vorgänge im eigenen Land gewesen, und es ist unsere ureigene Angelegenheit, wenn wir darüber richten wollen. Und weiterhin ist zu bedenken: Im Gegensatz zu dem Nazi-Deutschland haben wir niemals andere Völker unterjochen wollen. Das gehört einfach nicht in unsere Philosophie. Weder Stalin noch eine unserer darauffolgenden Regierungen hat jemals eine andere Nation überfallen.«

»Die Behauptung, Pjotr, hält nicht stand.«

Er sieht mich fragend an.

»Nehmen Sie einmal die baltischen Staaten«, sage ich. »Oder Polen. Die Sowjetunion hatte Nichtangriffspakte mit beiden Ländern. Und hat sie doch überfallen. Hat sich wehrlose Länder einverleibt. Und noch etwas: Wie ist das mit Finnland gewesen, 1939?«

»Mit den Finnen haben wir verhandelt! Monatelang. Sie haben nicht mit sich reden lassen. Und vergessen Sie doch nicht, daß die Finnen damals eine Bedrohung für uns bedeutet haben.«

»Möglich«, sage ich. »Ebenso eine Bedrohung wie Ungarn 1956. Oder wie die Arbeiter in Ostberlin, damals, an einem Tag im Juni. Oder wie der Prager Frühling. Und für den Überfall auf Afghanistan hat die Sowjetregierung sicherlich auch eine Begründung, die Frage ist nur, ob ich sie annehme, und es wäre besser, wenn Sie jetzt nicht sagen würden, daß die Amerikaner in Vietnam gekämpft haben, und in Korea, und daß die Israelis ihre Präventivkriege führen, denn das Unrecht der einen macht das Unrecht der anderen noch lange nicht zu einer Sache des Rechts.«

Der Zug schwankt jetzt sehr stark, und wir müssen uns gegen die Wand der anderen Seite stützen.

»Und wenn Sie genau hinsehen, geht das Ganze ja noch weiter«, sage ich. »Sie haben damals mit den Finnen verhandelt. Das ist richtig. Weil Sie einen Landtausch gefordert haben. Und als Ihre Forderung abgelehnt wurde, haben Sie die Finnen überfallen. Oder?«

Der Mann sieht zu dem dunklen Fenster hin.

»Pjotr«, sage ich. »Ich hab da mal 'ne Frage: Wenn Sie meinem Land eine Forderung stellen, und wir lehnen Ihre Forderung ab . . . überfallen Sie uns dann auch?«

Er steht im Schwanken des Zuges und schweigt.

»Diese Verbrechen«, sage ich, »die Verbrechen der Deutschen und die Verbrechen der Russen, man darf sie nicht gegeneinander aufrechnen.«

»Sind Sie sicher, daß Sie das nicht tun?« sagt er leise.

»Wenn Sie mich so was fragen, machen Sie sich die Sache leicht.«

»Keineswegs. Ich versuche lediglich, im Bodensatz Ihrer Gedanken zu lesen.«

Ich sehe seinem Lächeln zu. »Die Verbrechen meiner Landsleute sind in einer Zeit begangen worden, die vor mir war«, sage ich dann, »und sie machen eine Erbschaft aus, die ich nicht zurückweisen darf. Aber mit dieser Erbschaft ist keine Schweigepflicht verbunden, wenn ich vor Greueltaten stehe, die jetzt begangen werden, heute, von anderen Nationen, in einer Zeit, die meine ist.«

Wir stehen da und sehen uns nicht an.

»Sie haben mich ganz schön angebellt«, sage ich dann, »vorhin.«

»Ja«, meint er, »da haben Sie es. Ich bin kein wenig anders als die anderen Russen.« Er gibt mir eine Zigarette, und wir rauchen schweigend. »Die Regierung kann sich auf unseren Patriotismus stützen«, sagt er nach einer Weile. »Schon die Zaren haben sich auf unseren Patriotismus stützen können. Es ist ein Phänomen, diese Liebe zu Mütterchen Rußland, die Anbetung unserer Erde, unserer Birken, unserer Dichter, und auch das Verlorengehen in unseren Liedern.« Eine Zeitlang bleibt er unbewegt. Als würde er nach innen horchen. Dann lächelt er. »Da lebe ich nun in ständiger Angst vor dieser Regierung in Moskau. Manchmal hasse ich sie. Und meist bin ich voller Kritik den Mächtigen gegenüber. Doch wenn ein Mann aus dem Ausland kommt, selbst ein Mann, den ich innerhalb weniger Stunden zu schätzen gelernt habe, und dieser Mann findet unfreundliche Worte für die Regierung meines Landes, dann verteidige ich blind und gegen besseres Wissen sogar die Männer dort, die ich hassen gelernt habe.« Er sieht auf die Glut der Zigarette zwischen seinen Fingern. »Ich werde mir meinen Haß abgewöhnen müssen, weil es ja nicht geht, daß ich mein ganzes Leben in schweigender Rebellion gegen die Regierenden zubringe. Jedoch, ich bin nicht allein. Meine Ohnmacht kann ich mit vielen teilen. Unausgesprochen, verstehen Sie? Das schafft ein starkes Band zwischen den Menschen dieses Landes.« Er sieht mich an. »Gehen Sie einmal in eine unserer Kirchen. Da können Sie es deutlich spüren. Wenn die Popen singen und die Menschen singen mit den Popen . . . Da können Sie auf eine fast körperliche Weise spüren, wie wir alle miteinander verbunden sind.« Er lehnt den Kopf an das Schwanken der Wand und schweigt. Nach einer Weile sagt er: »Überrascht es Sie, daß ich ein Kirchengänger bin?«

»Ja«, sage ich.

Er nickt. »Sie meinen, ein Jude gehört wohl nicht in eine Christenkirche . . .«

»Nein«, sage ich. »Ein Kommunist in Rußland . . . Wie kommt der in eine Kirche?«

»Ihre Frage ist verständlich«, sagt er. »Jedoch . . .« Seine Hand streicht fahrig durch das schüttere Haar. »Ich habe darüber nachgedacht. Oft sogar in letzter Zeit.« Er sieht mich nachdenklich an. »Wenn Sie Kurt demnächst wiedersehen . . . Er wird wissen wollen, wie es mir ergangen ist in all den Jahren. Ich habe ihm nie darüber schreiben wollen. Man weiß ja nie, wer diese Briefe liest.«

Und dann berichtet er. Und nimmt sich Stunden Zeit dazu. Der Mann nimmt sich die ganze Nacht. Er holt Sätze aus der Vergangenheit zurück. Seine eigenen Sätze. Und die der anderen. Manchmal macht er Pausen, starrt durch die Scheibe in die Dunkelheit hinaus. Einmal unterbricht er sich. Sieht mich lange an. Und lacht. Weil er ja von ganz intimen Sachen spricht. »Von der Frau«, sagt er. »Verstehen Sie, ich spreche von der Frau, und dabei ist es doch so gar nicht meine Art, daß ich von Irina spreche.«

»Sie erzählen gut von ihr«, sage ich.

Das freut ihn. »Meinen Sie das wirklich? Ich erzähle gut?«

»Ja«, sage ich. »Genau wie über Ihre frühen Jahre. Darüber haben Sie auch schon gut erzählt.«

»Na also dann, wenn Sie meinen«, sagt er. »Es ist so gewesen, daß ich acht Jahre lang nicht nach Moskau gekommen bin. Acht kurze sibirische Sommer sind das gewesen, glauben Sie mir, mit Moskitos und meistens Einsamkeit, und acht lange Winter mit Schnee bis zum Hals, aber dann ist ein Brief von Irina gekommen, und da habe ich mich auf den Weg zu ihr gemacht.«

Er lehnt neben mir an der schwankenden Wand und macht den weiten Schritt zurück in seine Zeit von damals: »Wissen Sie, man hat Irina die acht Jahre ansehen können«, sagt er, »weil sie etwas schwerer geworden war und jetzt auch ein paar Falten um die Augen bekommen hatte, aber das war alles nicht so wichtig. Wichtig war nur, daß sie mir diesen Brief geschrieben hatte. Seit einer Anzahl von Jahren ist dies der erste Brief von ihr gewesen. Es hatte vieler Leiden bedurft, so hatte sie mir gestanden, bevor es zu diesem Brief gekommen ist, weil sie doch diese zwei entscheidenden Fehler gemacht hatte in ihrem Leben: nicht mit mir nach Sibirien gegangen zu sein, und, was schlimmer war, einen gewissen Wladimir Tkatschow geheiratet zu haben, denn aus dem war im Lauf der Jahre ein unberechenbarer Trinker geworden. Doch dies war ja nun vorüber, und weil es sich um einen Alkoholiker gehandelt hatte, konnten die Genossen auch keine Einwände gegen ihre Scheidung geltend machen. ›Flüchtig wie ein Blatt Papier war diese Ehe‹ hat sie in dem Brief geschrieben. ›Wie eine Seite, aus dem Buch meines Lebens herausgerissen.‹«

Er nickt. »Flüchtig wie ein Blatt Papier. Ich habe mir diesen Ausdruck einer Empfindung gemerkt. Nun, wie dem auch sei, ich sagte mir damals, daß dies ein glücklicher Sommer werden sollte, für die Frau und für mich, aber es wurde der Sommer unserer Unzufriedenheit. Irina war in eine Kommune gezogen, denn ein eigenes Zimmer stand ihr ja nach der Scheidung nicht mehr zu, und wenn ich die Nacht bei ihr verbrachte, dann verbrachten noch zwei andere Paare die Nacht in dem gleichen Raum.

Sobald die Regentage vorüber waren, fuhren wir mit der Bahn nach draußen vor die Stadt und nahmen Brote mit und Selterswasser und legten uns an das Ufer der Moskwa oder schwammen in dem Fluß, und ich sage Ihnen, der floß braun und träge durch unseren Sommer damals. Ich war verliebt und wünschte mich weit fort, und das sagte ich ihr auch, und als sie wissen wollte, wohin denn fort, da habe ich mich ganz nah zu ihrem Ohr gebeugt: Ganz gleich wohin, irgendwohin, aber da dürfen keine Menschen sein, weil es mich ganz tief beunruhigt, daß es kein Alleinsein für uns beide gibt. Nachts nicht. Und am Tage genausowenig, wenn wir im Alexanderpark auf der Bank sitzen, oder vor dem METROPOL, weil auf allen Bänken andere Paare sitzen, und sie solle sich das nur mal ansehen, hier am Fluß, wo alle herumliegen, die jetzt Ferien haben. Wie die Bleistifte im Schubfach liegen sie im Sand, und die Männer spielen Fußball, und außerdem noch: Jeder kann sehen, was der Nächste auf dem Brot hat, und alle müssen mitanhören, was so ein Mann zu seinem Mädchen sagt, ob sie nun wollen oder nicht, sie hören es mit an.

Nachts liefen wir mit unserer Unruhe oft durch die Straßen. Bei Irina war es mehr als das, mehr als Unruhe. Es waren die Zweifel. Weil der Unterschied so groß geworden war, verstehen Sie? Zwischen den Thesen ... zwischen der Philosophie und der Realität. In unserer Gesellschaft, da war eine große Kluft entstanden, eine Kluft zwischen den Parolen und dem Umsetzen dieser guten Gedanken in die Tat.«

Pjotr Binding zieht ein Taschentuch heraus. Auf seiner Stirn stehen Schweißperlen. Er tupft den Schweiß sorgsam weg. »Wenn Sie Karl Marx lesen«, sagt er dann, »wenn Sie sich seine ›Kritik des Gothaer Programms‹ einmal vornehmen, dann finden Sie alles auf eine simple Formel gebracht: ›Kommunismus ist ein System mit dem Grundsatz: Jeder nach seinen Fähigkeiten, jeder nach seinen Bedürfnissen.‹ Nun, in besagter Realität spielt sich alles anders ab, und Irina führte mein Leben als ein kleines Beispiel dafür an, und es wurde deutlich, daß man den Grundsatz auf den Kopf gestellt hatte. Denn nach meinen Fähigkeiten ausgerichtet, müßte ich bereits Professor sein an meiner Universität in Nowosibirsk, aber ich war noch immer Assistent, und das würde ich wohl auch ewig bleiben. So meinte Irina damals, und ich mußte ihr zustimmen: Auf ewig Assistent. Weil ich Jude bin.«

Er sieht mich an und lacht. »Marx ist selber einer gewesen. Und es ist schon wahr: Auch ein Jude gilt als Sowjetmensch. Allerdings aus einer unerwünschten Klasse.« Er nimmt eine Zigarette heraus und zieht den Rauch tief ein. »Jeder nach seinen Bedürfnissen. Irina hat es damals immer wieder gesagt. Und dann wollte sie wissen, wonach der Kommunist denn schon Bedürfnisse haben darf, wo es doch gar nichts gibt! Kein schönes Kleid, das nach Fröhlichkeit aussieht. Kein Fahrrad, um mal in den Wald zu radeln. Keine Thermosflasche für den Tee, hinten auf das Rad geschnallt. Weißt du, sagte sie, ich könnte ja auch das Bedürfnis haben, eine Meinung zu äußern, die weiter geht als das, was sie auf dem Leninhügel lehren . . . Oder wie wär's denn gar mit meinem Bedürfnis, mal nach Paris zu reisen? Da habe ich lachen müssen, denn bedenken Sie, das wäre was! Nach Paris reisen, das wär' schon schön, aber ich habe ihr sagen müssen, daß es wohl besser ist, sie beschränkt sich auf Bedürfnisse, die vernünftig sind, und da überraschte sie mich mit der Frage, wer denn darüber zu entscheiden habe, ob ihr ganz persönliches Bedürfnis ›vernünftig‹ sei? Wer also? Sie selbst oder so ein ›Natschalnik‹, so einer der Herren da oben. Als sie das gefragt hatte, da konnte ich nur zustimmen: ein Natschalnik.

Und dann, wissen Sie, an einem Morgen, da sagte sie: ›Du hast dich immer nur herumgewälzt in der Nacht und gewimmert, es hat sich wie Weinen angehört, wahrscheinlich ist es ein Alptraum gewesen.‹

An dem Tag sind wir durch die Stadt gelaufen, ohne festes Ziel, und als wir an die Brücke kamen, die vor dem Hotel Ukraine über die Moskwa führt, haben wir uns auf die Brüstung gesetzt, und ich habe ihr gesagt, daß es tatsächlich Alpträume sind, die ich da habe, und es hat mit dem Gewissen zu tun, denn ich habe mein Gewissen belastet, und nun liege ich seit Tagen mit mir im Streit, ob ich ihr davon berichten soll, oder ob es vielleicht besser ist, wenn sie gar nichts darüber weiß. Irina fand, daß ich das selber wissen muß, ob ich ihr vertrauen kann oder nicht, denn außer mir selber kann das niemand wissen. Nun ist es so, daß ich schon immer mehr Vertrauen zu der Frau gehabt habe, als ich ihr zumuten sollte, und deshalb habe ich sie meinen tapferen Zinnsoldaten genannt, und dann habe ich ihr von dem Memorandum erzählt.«

Er nimmt einen langen Zug von der Zigarette. Die Asche glüht auf und fällt zu Boden. Der Mann sieht der Glut nach und sagt: »Dieses Memorandum . . . Wir hatten es gemeinsam verfaßt. Zwölf Wissenschaftler. Politische Wissenschaften. Volkswirtschaft. Von der Universität Nowosibirsk. Zehn Männer und zwei Frauen. Ich war der jüngste unter ihnen. Nun, unser Memorandum kursierte in den Dienstzimmern des Obersten Sowjet. Es war eine Kritik an der zentralen Lenkung unserer Volkswirtschaft. Wir haben es uns gründlich überlegt, das können Sie mir glauben, aber dann haben wir doch das Papier verfaßt, weil es nicht anders ging. Es mußte eine tiefgreifende Umstrukturierung erfolgen. Und eine Dezentralisierung. Weil sonst ein wahrer Aufschwung nicht zu erreichen ist. Schon damals war das deutlich zu erkennen. Nun, Irina wollte wissen, ob wir das Papier anonym gehalten haben, und ich mußte ihr sagen, nein. Nein, das war es ja eben! Wir hatten es unterschrieben. Alle zwölf. Und jetzt steckte ganz tief drin in mir die Angst.«

Er schüttelt den Kopf und lächelt. Dann sagt er: »Sie müssen wissen, daß wir uns durch Chruschtschow ermutigt fühlten. Durch die Veränderungen, die es unter seiner Führung gegeben hatte. Seit Stalins Tod wehte fast ohne Übergang bei uns ein anderer Wind. Sie werden es vielleicht nur eine Brise nennen, doch immerhin . . . Nun, in dem Memorandum damals . . . Wir haben dokumentiert, daß die zentrale Planung noch aus den Zeiten Lenins stammt. Schon von Anbeginn haben sie alles in Moskau festgelegt: Die Preise ebenso wie das Ausmaß der Finanzmittel. Oder das Produktionssoll. Und dabei wurde keine Rücksicht genommen auf die geographischen und klimatischen Gegebenheiten, verstehen Sie? Alles wurde über den gleichen Kamm geschoren, so eine Fabrik in Krasnojarsk ebenso wie eine in Murmansk oder Tomsk. Das ganze System war veraltet. Verworren. Überladen mit Administration.« Er sieht mich an. »So schien es uns damals. Und so ist es heute. Nichts hat sich geändert. Die einsamen Rufer in der Wildnis wurden zwar gehört, aber dann auch stumm gemacht, wie Sie gleich erfahren werden. Nun, wie dem auch sei, in dem Memorandum damals . . . Wir haben darauf hingewiesen, daß sich unsere Arbeiter verändert haben. Unter Stalin und seinem Kriegsrecht sind die Leute noch passiv gewesen. Gehorsam. Brav gewissermaßen. Aber das war jetzt anders. Die Arbeiter, die wir heute haben, kennen sich besser aus. Die denken mit, sind ganz breit gestreut informiert, und außerdem sind sie rundherum viel besser ausgebildet, als sie es unter Stalin waren. Man darf sie getrost intelligenter nennen, als ihre Väter es gewesen sind. Deshalb sind sie auch kritischer, und die Kontrolle aus Moskau erzeugt bei solchen Menschen Unlust. So eine Planung am grünen Tisch wirkt wie ein Hemmschuh auf die Leute. Nun müssen Sie wissen, daß Moskau allein gar nicht einmal das ganze Übel ist. Viel schlimmer sind die Zwischeninstanzen, und die sind in den Jahren damals wie Pilze aus der Erde geschossen, und seitdem verwaltet man unsere Betriebe zu Tode. Im wahrsten Sinne des Wortes.«

Nachdem er das gesagt hat, wischt er sich über den Mund. Dann löst er sich von der schwankenden Wand und sieht durch das kleine Fenster in der Tür zum Korridor hin, aber der liegt tot und ausgestorben in der ratternden Nacht. »Nun müssen Sie wissen, daß wir auch Vorschläge gemacht haben, damals«, sagt er dann. »Wozu sonst auch ein Memorandum? Wenn es darum gehen soll, die Initiative und die Arbeitsdynamik der schaffenden Menschen nicht zu bremsen, haben wir geschrieben, dann wird eine tiefgreifende Umstrukturierung der staatlichen Wirtschaftsordnung nötig werden. Der Wasserkopf einer veralteten Zentralverwaltung in Moskau muß zugunsten von regionalen Wirtschaftszentren aufgegeben werden. Und am Schluß haben wir die Frage gestellt, ob ein Übergang zu Managementmethoden, wie sie sich in kapitalistischen Ländern als erfolgreich erwiesen haben, nicht als ratsam anzusehen sei.«

Danach macht er eine lange Pause, und dann sagt er: »Wissen Sie, wir haben damals in voller Verantwortung nur das Beste gewollt, aber schließlich ist von der ganzen großen Sache nichts mehr übriggeblieben. Im Gegenteil, ich habe Irina gestehen müssen, daß die Angst in mich hineingekrochen war, und die galt es jetzt abzuschütteln, denn irgendwann einmal mußte es ein Ende haben mit der Angst.« Dann sieht er zu mir her. »Nun, mein Lieber, ich darf annehmen, daß Sie aus eigener Erfahrung mit der Angst zu leben wissen, und auch mit dem Hoffnungsfunken, der von den Frauen kommt. Diese Wesen leben in den schwärzesten Stunden mit dem Satz im Kopf, daß morgen alles besser wird, und Irina macht da keine Ausnahme, jedenfalls hat sie mich damals mit diesem Satz trösten wollen: ›Vielleicht geht ja alles noch mal gut‹, aber dann mußte ich ihr sagen, daß sie das Schlimmste noch nicht gehört hatte, denn einer der Professoren hat das Memorandum an die Presse gegeben. Noch dazu an einen Journalisten aus dem Westen! Ich habe das übrigens nicht gewußt, mein Einverständnis haben sie dazu nicht gehabt, aber das änderte nun auch nichts mehr. Jedenfalls war es so, daß Irina nur ganz still dasaß. Sie saß da auf diesem Brückengeländer und wurde ganz starr und sagte nur: ›O mein Gott‹, und ich wunderte mich darüber, denn ich konnte mich nicht erinnern, das Wort Gott je aus ihrem Mund gehört zu haben.

Nun, im Spätsommer fuhr ich mit der Transsibirischen nach Nowosibirsk zurück und hatte noch zwei Wochen mit dieser aushöhlenden Angst in meinem Inneren zu leben, aber schließlich haben sie mich verhaftet. Als ich abgeholt wurde, ging alles ganz undramatisch vor sich, denn es war niemandem daran gelegen, aus dem Vergehen der

Professoren eine große Sache zu machen, noch dazu eine, die in den kapitalistischen Ländern Aufsehen erregen könnte. Es war kurz nach Mitternacht, als der Polizist zu mir in das Studentenheim gekommen ist. Der Bursche war noch ganz jung und trug Jeans und ein offenes Hemd und sah aus wie einer der Studenten auf den Korridoren draußen. Sie hatten nur den einen Mann geschickt, und er war in einem unauffälligen kleinen Auto gekommen. Ich hatte noch etwas Tee in dem Samowar. Wir tranken den Tee aus, bevor wir zu seinem Auto gingen. Es war sonderbar, wissen Sie, aber zuvor, in den Nächten, wenn ich nicht schlafen konnte, hatte ich mir dieses kalte Krachen vorgestellt, wenn im Keller des Untersuchungsgefängnisses die Tür meiner Zelle verriegelt wird, doch jetzt fuhr der Polizist an dem Gebäude der KGB vorüber und hielt erst nach einer weiteren Stunde vor einem großen Haus, das am Rande der Stadt in einem verwilderten Park gelegen war. Ich wurde in einen großen Saal geführt, in dem Kristallüster hingen, die den Saal taghell erleuchteten. Die anderen elf Verhafteten saßen bereits auf ihren Stühlen, und als die Ankläger sich hinter einen langen Tisch setzten, wurde es deutlich, daß es wohl einen Geheimprozeß geben würde. Die Kälte der Nacht kam in den Saal gekrochen, und als ich hörte, daß die Anklage auf Landesverrat hinausging, lief ein Schüttelfrost bis in meinen Kopf hinein. Glauben Sie mir getrost, daß es so gewesen ist: Ein Schüttelfrost in meinem Kopf. Der Hauptankläger befahl uns, aufzustehen und zu sagen, daß wir uns schuldig bekennen, einer nach dem anderen, weil dann alles milder ausgehen würde, und wir standen auf und sagten: Ich bekenne mich schuldig. Als Letzter wurde Professor Pajanikow aufgerufen. Nun müssen Sie wissen, daß ich als Protegé von Pajanikow gegolten habe, jeder wußte das, aber jeder wußte auch, daß ich ihm abgeraten hatte, das Memorandum zu verfassen. Nun, Professor Pajanikow war sehr erregt: ›Ich lehne es kategorisch ab, mich für schuldig zu bekennen!‹ Er hatte es laut gerufen, und seine Worte knallten wie Peitschenschläge von den kahlen Wänden zurück: ›Ich sehe keine Anklageschrift! Ich sehe keine Verteidiger in diesem Saal! Wie steht es mit dem Recht der Aussage in eigener Sache? Diese Versammlung hier stellt einen Rückfall in die Willkür der Stalin-Ära dar! Nur zu Zeiten der Lex Kirow ist es möglich gewesen, einen Angeklagten bei Nacht und Nebel vor ein geheimes Tribunal zu zerren und ihm seinen juristischen Beistand zu verwehren! In seiner Rede vom 25. Februar 1956 hat der Erste Sekretär der KPdSU, der Genosse Chruschtschow, die Lex Kirow aus der Stalin-Zeit als Grundlage für einen allgemeinen Mißbrauch der sozialistischen Gesetzlichkeit gebrandmarkt. Nehmen Sie zur Kenntnis, daß meine Mitarbeiter hier und auch ich diesem Gericht jedwede Rechtmäßigkeit aberkennen!‹

In den frühen Morgenstunden wurden wir in einen Eisenbahnwaggon gesperrt, der keine Fenster hatte. Durch den Spalt der Lüftung über der Tür war es mir möglich, zu sehen, daß die Sonne aufging. Der Zug rollte in die andere Richtung, von der Sonne fort. Auf dem WC hatten sie das Wasser abgedreht, und den ganzen Tag lang gaben sie uns Häftlingen nichts zu essen. Dann hielt der Zug in Omsk, und die Bewacher trugen einen Kübel Suppe in den Waggon. Ich sagte zu dem einen der Bewacher, Towarischtsch, erzähl doch mal, wo geht die Fahrt wohl hin, und der Polizist meinte leise, nach Perm. Das wiegt schwer, sagte ich mir, nach Perm, tief in den Ural hinein, in die Kohlengruben. Ich ging zu den anderen Gefangenen und sagte ihnen, daß wir verdammt seien, in die Kohlengruben verdammt, und als ich von einem zum anderen ging, sah ich, daß Professor Pajanikow nicht bei uns war. Im Dunkel des Waggons lachte einer der Männer laut und höhnisch: ›Es darf Sie nicht Wunder nehmen, junger Freund, daß Kollege Pajanikow nicht mit uns die Qualen des Arbeitslagers teilen wird, denn er ist zwar der geistige Vater unseres vermaledeiten Memorandums, aber er ist auch derjenige, der das Arbeitspapier an die LONDON TIMES weitergegeben hat, und somit ist er geschützt, denn wenn die kapitalistische Presse ihn in Nowosibirsk besuchen will, dann muß er in seinem Hörsaal unterrichten, verstehen Sie das nicht? Er muß verfügbar sein für diese Journalisten, und sei es auch nur am Telefon, denn Verstöße gegen die Menschlichkeit soll es unter der Ägide des Genossen Chruschtschow ja nicht mehr geben, und so wird unser Freund Pajanikow wohl Linientreue geschworen haben, und danach ist er in die Arme seiner Familie zurückgekehrt, die ihn ja bekanntlich wie eine Gottheit anbetet, und es bleibt für Sie und mich die Frage ungeklärt, wie das wohl ist, wenn er an uns denkt ... *Was* er dann wohl denkt ...‹

Wir kamen am späten Abend in dem Lager an. Hinter dem ersten Stacheldraht war eine freie Zone, und dann kam der zweite Zaun, und dahinter lagen die Baracken. Das Gatter zur zweiten Zone stand offen, und in der Öffnung wartete ein Haufen Sträflinge. Sie standen dicht gedrängt und hielten Knüppel in den Händen. Es waren auch einige darunter, die Messer in den Gürteln stecken hatten, und als wir, die elf Neuen, zu dem Eingang kamen, schlugen die Sträflinge mit ihren Knüppeln auf den Stacheldraht ein und sprangen wie die Tiere auf und ab und stießen schrille Schreie aus, Freudenschreie. Die Bande schrie den Neuen ihre Freude entgegen. Oh, Sie dürfen mir glauben, der Anblick dieser Horde war recht fürchterlich. Ich sagte zu den anderen, daß es nicht ratsam ist, da hineinzugehen, weil das ja Kriminelle sind. Nie und nimmer sind das Politische. Man sehe sich doch nur einmal diese Visagen an! Messerstecher sind das! Schwarzhändler! Diebe! Mörder!

Wir wollten davonlaufen, aber die Wachmannschaften trieben uns wie eine Herde Schafe wieder zusammen, und da legte ich mich auf den gestampften Lehmboden. Ich rief den anderen zu, daß sie es genauso machen sollten, weil auf diese Weise ein Liegestreik daraus wird, und wenn die Wachmannschaften uns da reintragen in die zweite Zone, dann machen die sich eines Verbrechens schuldig, weil das auch nicht anders ist, als Menschen den Löwen zum Fraß vorwerfen, und da legten sie sich alle auf den Boden und rührten sich nicht mehr von der Stelle. Nun, die Wachen brüllten uns an und ließen ihre Gewehrkolben auf uns niedersausen. Sie können sich das sicher denken, aber in der Stunde hatten sie keine Macht mehr über uns. In der Nacht wurde es sehr kalt, und wir krochen zu einem Kreis aus Menschenleibern zusammen. Den nächsten Tag blieben wir auch noch da im Freien liegen, aber dann gab der Lagerkommandant den Befehl, die ›Elf aus Nowosibirsk‹ in einer Baracke unterzubringen, die außerhalb der zweiten Zone bei den Werkzeugschuppen lag.

Dann schickten sie uns in das Bergwerk hinunter, und in den ersten Wochen dachte ich, daß ich es nicht durchstehen würde, denn ein Menschenleben ist das nicht gewesen. Es war, wie als Maulwurf zu existieren. Meine Augen brannten, und in den Lungen hatte ich Kohlenstaub. Nachts habe ich im Halbschlaf oft geweint, ich scheue mich nicht, Ihnen das zu erzählen. In meiner tiefen Apathie glaubte ich zu wissen, daß meine Kräfte mich schon bald verlassen würden, aber dann sah ich eine Brigade von Frauen in dem Stollen unten, und das war dann meine Rettung. Ich weiß nicht, ob Sie das so recht verstehen können, doch sehen Sie einmal, es waren junge Frauen, aber sie sahen krank aus und dem Tod ebenso nahe, wie ich es zu sein glaubte. Anfangs hatte ich sie für Männer gehalten, weil sie in diesen unförmigen schwarzen Anzügen steckten und schwere Stützbalken auf den Schultern trugen, ebenso schwere Balken, wie die Männer sie schleppen mußten, aber dann hatte eine der Frauen einen Schrei der Verzweiflung ausgestoßen, oder vielleicht war es auch ein Schmerzensschrei, jedenfalls ist es ein hoher Ton gewesen, wie er nur von Frauen kommt, und da ist mein Mitleid zu diesen Frauen hin gewechselt. Das Mitleid, das ich für mich selber hatte, ist zu den Frauen hin gegangen, verstehen Sie das? Es ist zu einer wichtigen Erkenntnis für mich geworden, und es ist diese Erkenntnis gewesen, die mich auf Jahre hinaus hat am Leben halten können.

Wissen Sie, das Seltsame war, daß die Männer auf ihren Pritschen in den Nächten schrien. Ich dachte, daß die Hoffnungslosigkeit in die Träume der Männer geraten war, und ich hörte, wie sich die Schreie aneinanderreihten, ebenso wie in meinem früheren Leben sich die Tage aneinandergereiht hatten und die Nächte, und ich sagte mir, die Schreie sind mein neuer Zeitbegriff, ich weiß nicht mehr mit der Zeit umzugehen.

Einmal gab es einen Regen, der nicht enden wollte, und sie gaben mir den Befehl, durch den schweren Regen zu laufen, rüber zur Baracke des Kommandanten. Ich stapfte durch den Schlamm der Freizone, und dann stand ich in so einer niedrigen Stube, und an dem kleinen Tisch sah ich Irina sitzen. Sie saß da so, wie soll ich sagen . . . ohne Bewegung, wie aus Stein saß sie da, und ich setzte mich auf einen Hocker neben sie und hörte ihrer leisen Stimme zu. Erst sagte ich mir, daß die Frau so eine leise Stimme hat, aber dann mußte ich mir sagen, es liegt sicher an deinen Ohren, es sind deine Ohren, die nicht mehr so recht wollen, und dann sah ich zu ihren Lippen hin und konnte ihre Worte lesen: Oh Pjotr . . . Weißt du es denn nicht . . . Sie haben Chruschtschow abgesetzt . . . und jetzt . . . Leonid Breschnew . . . Erster Sekretär . . . nicht mehr lange dauern . . . dich frei lassen . . . Ich habe der Frau zugehört, aber mein Kopf ist ganz dumm gewesen, und ich habe sie gefragt, welches Jahr wir jetzt wohl hätten, und sie sagte, 1964, wir haben jetzt Oktober 1964, und unser Sommer, Pjotr, der einzige Sommer, den wir für uns hatten, das war 1960, ja glaub es nur, vor vier Jahren ist das gewesen. Dann ging sie fort, und die Zeit war wieder tot, aber dann haben sie mich freigelassen. Ich sagte mir damals, das ist das Ende von Etwas. Glauben Sie mir, in so einer Lage denkt der Mensch verworrene Gedanken, denn es ist tatsächlich so gewesen, daß Etwas zu Ende gegangen war, und es lag jetzt an mir, den richtigen Weg in das Etwas von dem Neuen zu finden. Ich sagte mir das immer wieder, jahrelang, auch noch, als sie mir den Lehrstuhl an unserem Forschungsinstitut gegeben hatten. In Jakutsk ist das gewesen. An der Lena. Aber darüber sprachen wir ja bereits. Später wurde dann mein Sohn geboren, und wir nannten ihn Konstantin, und auch dann sagte ich es mir noch.

Nun, auf der Suche nach dem richtigen Weg stolperte ich in diesen anderen Raum hinein, in diesen toten Raum des Geistes, der uns verwehrt ist, und so mußte ich denn eines Tages zu Irina sagen: ›Höre einmal, mein kleiner Zinnsoldat, ich stehe hier an einem Scheideweg. Denn in unserer Denkungsart, die ja seit der Schulzeit vorgegeben ist, gibt es nur zwei Philosophien: die materialistische, bei der die Materie als das Primäre angesehen wird, und die idealistische, bei der vorrangig der Geist unser Leben bestimmt. Nun hat aber der Staat den Materialismus zur Basis unseres Lebens gemacht. Alles ist materialistisch: die Kolchose, das Traktorenwerk, der Plan, die Norm. Selbst der Mensch ist es geworden. Nicht der Einzelne. Doch die Masse. Aus uns Einzelnen, Irina, haben sie eine Masse gemacht. Und Masse ist Materie.‹

Oh, Sie hätten die Frau sehen sollen, wie sie da eifrig geworden ist! Lieber Freund, Sie hätten diese funkelnden Augen einmal sehen sollen, wie sie da aufspringt und ruft: ›Pjotr, das ist sehr harsch ausgedrückt! Denn bedenke nur einmal, was durch diesen Materialismus alles entstanden ist! Was deine Masse alles aus dem Boden gestampft hat! Seit Ende des Großen Patriotischen Krieges! Aus dem Nichts heraus!‹

Nun gut, habe ich zu ihr gesagt, es ist wohl wahr, Irina, wir haben Unglaubliches geleistet, und es wird auch in allen Geschichtsbüchern stehen, was wir geschaffen haben an Technisierung und Rationalisierung und Aufbau, doch nun läßt die Spannung nach, und wir müssen erkennen, daß dieses materialistische Denken uns nicht die Freiheit verschafft, die wir uns daraus erhofft haben. Sieh einmal, habe ich in jener Nacht zu ihr gesagt, mein Leben wird vom Geist bestimmt. Ohne meine Gedanken, ohne meinen Willen hätte ich das Lager nicht überleben können. Ich glaube an die Kraft des Geistes, wahrscheinlich weißt du es schon lange, und sie hat genickt: Ja, und ob ich das weiß, aber ich weiß auch, daß sie über dich lachen werden, denn Idealisten sind bei uns verpönt, unerwünscht, angefeindet, und wenn es sich machen ließe, würden sie den Idealismus gern verbieten.

Nun, ich mußte ihr abermals recht geben, denn das ist ja gerade der Punkt gewesen, zu dem meine Gedanken sich auf den Weg gemacht hatten. Ich gab ihr also recht und fragte mich nur, was aus dem Kommunismus wohl geworden wäre ohne Idealisten, am Anfang aller Tage ...

Wie auch immer, an jenem Abend sprachen wir nicht weiter darüber, und in den nächsten Wochen stellten wir dringliche Tätigkeiten als Schutz vor unsere Gedanken, doch dann war da ein Sonntag mit schönem Wetter, und wir setzten Kosta in ein Traggestell auf meinen Rücken und gingen durch den Wald zum Fluß hinunter.

Irina, sagte ich, es gibt da noch etwas zu durchdenken. Nimm einmal Einstein. Seine Theorie der Relativität. Einstein vermittelt dir eine Ahnung. Es ist nicht mehr als das, nur eine Ahnung, aber sie wird dir doch ganz gegenwärtig. Und nun sieh dir einmal an, wie es den Forschern hier bei uns ergeht, unseren Physikern, unseren Astronomen ... Sie kreisen die Probleme ein und stehen sprachlos vor der gleichen Ahnung, denn weißt du, Energie ... Aus dem Nichts kann Energie nicht kommen ...

Irina hat mich aus großen Augen angesehen, und ich habe ihr Erschrecken noch ganz deutlich vor mir, bis zum heutigen Tag sehe ich das Erschrecken in dem Frauengesicht, und in der Stunde habe ich ihr Erschrecken noch größer machen müssen: Irina ... aus dem Nichts heraus ... schafft nur ein Schöpfer Energie ... Der Gedanke, sagte die Frau, führt geradewegs zum Glauben.

Ja, sagte ich. Das ist nun wohl der nächste Schritt.«

LETZTE STUNDE MIT DEM COUSIN

Wir stehen in dem Vorraum vor dem WC. Möglich, daß wir aussehen wie zwei Verschwörer. Ich fülle die kleinen Becher noch einmal bis zum Rand. »Wir haben den Scotch beinahe geschafft.«

»Die Wahrheit«, sagt er. »Auf die Wahrheit stoßen wir am Boden dieser Flasche.«

»Was meinen Sie damit?«

Er lacht.

Der Aschenbecher an der Wand hat einen kleinen Berg von Zigarettenstummeln. Wie ein Vulkan sieht dieser Berg von Zigarettenstummeln aus. Der Zug macht jetzt eine Kurve, und ich kann die letzten Wagen mit den gelben Streifen sehen. Weit hinten verlieren sich die Schienen in einem Wald. Der Wald sieht genauso aus wie der am ersten Tag der Reise. Über den Bäumen geht eine fahle Sonne auf.

»Wissen Sie«, sagt er dann, »die Lebensweise, wie sie in Ihrem Lande herrscht . . . ich schätze sie nicht sonderlich.«

»Aus eigener Anschauung?«

»Ja. Vor drei Jahren haben sie mich reisen lassen. In Stockholm hat es einen internationalen Kongreß gegeben, und ich habe die Gelegenheit benutzt, meiner alten Heimat einen Besuch abzustatten. Ich habe mich nicht mehr ausgekannt.« Seine Fingerspitzen tasten fahrig durch das graue Haar. »Nun, ich will Ihnen nicht verhehlen, daß ich mit dem Gedanken im Kopf herumgelaufen bin, in Berlin um Asyl nachzufragen. Aber ... Für so ein Leben im Westen bin ich nicht mehr geeignet. Dieser Erfolgszwang, der Konkurrenzkampf auf dem freien Markt ... Man muß wohl damit aufgewachsen sein. Ich für mein Teil fürchte, daß ich bei Ihnen zugrunde gehen würde.« Eine Zeitlang starrt er in die Glut seiner Zigarette. »Und außerdem ... diese Rastlosigkeit, und das nicht zu unterdrückende Bedürfnis Ihrer Menschen dort nach mehr, mehr, mehr ... Wenn Sie bedenken, so ein Schwimmbecken im Garten genügt schon nicht mehr, nein, es muß eine Schwimmhalle sein, im Hause! Und da leihen sich die Menschen das Geld auf der Bank, weil sie ja so eine Schwimmhalle auch bezahlen müssen, und in den nächsten Jahren arbeiten sie achtzehn Stunden am Tag, um den Kredit abzubezahlen, und deshalb kommen sie nur noch sonntags zum Schwimmen in die Halle ... Absurd ... Wissen Sie, ich habe in Ihrem Land gesehen, wie rasch die Unzufriedenheit wächst, bei dem, der alles hat ... Und wie die Nervosität sich breit macht in den Leuten, die Hektik. Und auf diese Weise schaffen sie sich Sorgen, die sie eigentlich nicht haben müßten, und so laufen sie dann auseinander. Eine Ehe scheint nicht mehr von großem Wert zu sein in so einem Land ...« Er sieht mich an. »Verletzt es Sie, wenn ich so etwas sage?«

»Nein. Machen Sie nur weiter ...«

»Und dann das Übermaß an Kriminalität. Ich will ja nicht sagen, daß es bei uns kein Rowdytum gibt, oder auch mal den einen oder anderen Mord aus Eifersucht oder ähnlichen Motiven, und selbstverständlich wird auch bei uns eingebrochen oder gestohlen, aber doch keineswegs in dem Ausmaß wie bei Ihnen.«

»Das will ich hoffen«, sage ich, »denn so ein Polizeistaat muß wenigstens *einen* Vorteil haben.«

Er überlegt, ob er mich nicht vielleicht doch verletzt hat, und dann sagt er: »Ganz besonders schlimm empfinde ich die Pornographie, die einem von jedem Zeitungskiosk entgegenspringt, von jeder Lichtreklame an den Nachtclubs, und selbst in den Filmen ist es so. Schauspieler mit großen Namen geben sich für solche Szenen her, und für einen Mann wie mich ist das nur schwer begreiflich, denn selbst vor Büchern macht diese Pornographie ja nicht halt, wie ich gesehen habe. In Büchern wird so etwas als Literatur verpackt. Ich hätte gern einmal gewußt, wie Sie dazu stehen.«

»Sehen Sie einmal, Kunst und Presse und Leben und Worte und Pornographie ... Unter einem gewissen Aspekt gehört das alles zusammen. Unter dem Aspekt der Zensur nämlich. Wenn wir dem Staat erlauben, daß er seine Zensur bei der Sexualität ansetzt, dann hat er den Fuß in der Tür. Denn ein Grundsatz ist verletzt worden, verstehen Sie? Und deshalb ... Bevor es dazu kommt, daß unsere Gedanken zensiert werden, unsere gesprochenen Worte oder die geschriebenen, und bevor wir zulassen, daß der Staat entscheidet, welches Gemälde als Kunst angesehen wird und welches als schmutzig abgestempelt werden soll, bevor wir das zulassen, da leben wir lieber mit der Pornographie. Es ist ein kleines Übel, verglichen mit dem großen.«

»Ja«, sagt er. »Es wird immer deutlicher. Ihre Kultur und die unsrige, sie sind ursprünglich einmal gleich gewesen.

Doch nun sind unsere Welten voller Gegensätze. Und es will mir scheinen, als werden wir die Kluft auch nicht mehr überbrücken können.«

Als wir kurz vor sechs in den Bahnhof von Irkutsk einrollen, hängen dicke Wolken auf den Dächern dieser grauen Häuser.

Auf dem Bahnsteig steht ein junger Mann mit einer Karre. Er sagt, daß er von Intourist kommt und uns zum Hotel bringen soll. Die Matrioschka gibt uns unsere Pässe wieder, und ich stelle unsere Koffer auf die Karre. Als ich mich noch einmal umdrehe, sehe ich Pjotr Binding hinter dem schmutzigen Fenster. Ich winke ihm zu. Er nickt. Und macht eine Andeutung von Winken. In dem grauen Licht ist sein Gesicht zerfurcht.

IRKUTSK

Das Hotel heißt Intourist, ebenso wie das in Chabarowsk, und das Eintragen in so ein Polizeiregister braucht über eine halbe Stunde. Dann sagen sie, daß in unserem Zimmer noch andere Leute schlafen. Immerhin sei es ja auch erst sieben. Wir laufen nach draußen und wandern durch die Straßen. Luv sagt, sieh mal, das ist nun aber wirklich mal eine hübsche Stadt, mit diesen goldenen Kuppeln über den Kirchen, und dann diese hübschen alten Bauernkaten überall, die ganz windschief sind. Und auch die Steinhäuser sind schön anzusehen, weil sie Ornamente haben, fast viktorianisch sehen diese Häuser aus.

Später kommen Böen vom Fluß herangefegt und reißen die dicken Wolken auf, und zwischen fingerdünnen Sonnenstrahlen tanzen weiße Flocken durch den warmen Sommertag. Das ist Schnee, der ringsum auf den Bäumen wächst. Ganze Wirbel weißer Flocken tanzen durch den hellen Morgen. Manchmal bleibt so eine Flocke in Luvs Wimpern hängen. Dann sieht es aus, als weinte sie.

Zwischen den Häusern wachsen hohe Pappeln. Der Wind holt sich die Flocken von den Bäumen und spielt damit, und wenn er keinen Gefallen mehr an ihnen hat, weht er sie über die Bürgersteige und läßt sie achtlos irgendwo erstarren. Wie Wellen sehen sie dann aus. Wir laufen durch die weißen Wellen, schlurfen mit den Füßen und freuen uns, wenn der Blütenberg sich bis zu den Knien hoch wie Schneestaubwolken um unsere Beine legt.

So gegen acht lassen sie uns in unser Zimmer. Das Wasser aus der Dusche ist zum Verbrühen heiß. Luv stellt sich drunter und pfeift vor sich hin und will da nicht mehr raus. Sie ruft, drei Tage in so einem stinkigen Zug und du hältst so eine Dusche für den großen Luxus. Ich setze mich in die Tür und sage zu ihr, daß ich ihr was vorlesen werde, denn in meinen Notizen habe ich die Erklärung für die ungewöhnlich eleganten Häuser da draußen gefunden. Das Ganze liegt daran, daß die Dekabristen hier gewesen sind, und zwar in der Verbannung:

»Irkutsk.

Seit 1652 ein kleiner Außenposten der Zaren zum Eintreiben des Tributes in Form von Zobelfellen und sibirischen Füchsen. Im achtzehnten Jahrhundert entwickelte sich Irkutsk zu einem Handelszentrum für Felle und Elfenbein aus Ost-Sibirien und für Waren aus China. Vom neunzehnten Jahrhundert an wurden politische Häftlinge nach Irkutsk in die Verbannung geschickt. Die prominenteste Gruppe unter ihnen, die Dekabristen, hat das Geistesleben aus St. Petersburg in das bis dahin wüste Leben dieser Stadt gebracht.

Dekabristen, oder auch Dezembristen genannt, waren die Teilnehmer des Aufstandes, der im Dezember 1825 während des Interregnums zwischen dem Tode Alexanders I. und der Thronbesteigung Nikolaus I. ausbrach. Der coup d' état wurde im Wesentlichen von jungen Adligen, Gardeoffizieren, Akademikern und Literaten ausgeführt. Nach Scheitern des Putsches ließ der Zar die Anführer hinrichten. Die überlebenden Verschwörer wurden zu Zwangsarbeit nach Sibirien verurteilt. Die Frauen dieser Männer, unter ihnen viele Angehörige des höchsten Adels, erhielten die Erlaubnis, ihren Männern in die Verbannung zu folgen. Sie mußten sich allerdings verpflichten, nie wieder nach Rußland zurückzukehren. Nicht alle überlebten die harten Jahre in den Lagern. Nach Verbüßung ihrer Strafen siedelten sich die Dekabristen in Irkutsk an. Sie verwandelten mit ihren Häusern und Kirchen das Bild der Stadt und schufen ein für sibirische Verhältnisse neuartiges geistiges und gesellschaftliches Leben. Die letzten Überlebenden aus den Lagern wurden 1856 begnadigt. Die Kinder der Dekabristen aber trugen die Strafe der Väter auch weiterhin durch ihr Leben. Jedes Kind, das einer Dekabristen-Familie entstammte und in Sibirien geboren war, galt auf Beschluß des Zaren als unehelich. Es durfte weder Namen noch Titel der Eltern tragen, und die Einreise in das europäische Rußland war ebenso untersagt wie jede politische Betätigung in Sibirien.«

Der Fremdenführer heißt Alexej. Er ist jung. Und froh über seinen Beruf. Alexej ist in einem Taxi gekommen. Ein verdreckter WOLGA. Gelb. Rostig. Der Motor hat kaum noch Kompression. Wir sagen Alexej, fahren Sie uns irgendwohin, zeigen Sie uns die Stadt, und er läßt uns zu dem Denkmal für die Gefallenen bringen. Am Platz der vier Kirchen. Eine davon ist eine katholische Kirche, aber die wird jetzt nicht mehr benutzt. Weil es weit und breit keine Katholiken mehr gibt, sagt Alexej. Aus dem Gotteshaus ist jetzt ein Museum geworden. Alte Uniformen sind da ausgestellt. Und Bilder von der Großen Sozialistischen Revolution.

Vor dem Denkmal brennt die Ewige Flamme. Vier Studenten halten Wache. In Uniformen. Zwei Mädchen und zwei junge Männer. Jeder trägt eine Maschinenpistole vor der Brust. Eine Kalaschnikow. Auch die Mädchen. Ihre Gesichter sind wie Stein. Mit Augen, die weit in die Ferne starren. Die Mädchen tragen an ihren Zöpfen weiße Schleifen.

Dann kommt die Ablösung über den Platz. Im Stechschritt. Wie Puppen, deren Drähte du nicht sehen kannst. Vorn ein Anführer. Dann links die Mädchen. Rechts die jungen Männer. Alexej sagt, es ist eine große Ehre, wenn einer zu der Wache hier abkommandiert wird, nur die Besten werden abkommandiert, und die Zeremonie haben sie von der Wachablösung vor dem Lenin-Mausoleum gelernt, auf dem Roten Platz von Moskau.

Später kommen Brautpaare zu dem Denkmal. Sie sehen aus wie Tausend andere von Hochzeitsleuten, wie in jedem anderen Land. Dunkler Anzug, Brautkleid, weißer

Schleier, Blumen in den Händen. Immer mehr Brautpaare kommen zu dem Denkmal für die Toten. Alexej sagt, es liegt daran, daß heute Samstag ist, und es ist eine Sitte geworden, vor der Trauung hierher zu kommen, freiwillig, um ihre Ehrerbietung zu erweisen. Denn schließlich hat es ja in allen Familien Gefallene gegeben, in dem Großen Patriotischen Krieg von 1941.

Luv fragt Alexej, ob er auch verheiratet ist, und sein Gesicht wird ganz hell: »O ja! Hier ist der Ring. Ein Magistrat hat die Trauung gemacht. Nein, keiner von der Partei. Der Magistrat ist eine Frau, von der Behörde eingesetzt. Und wenn der Magistrat die Leute verheiratet hat, fahren sie zum Baikal. Und trinken Wasser aus dem See. Weil sie das sauber macht. Und weil es Glück bringt für die Ehe.«

»Wasser, Alexej? Hand auf's Herz. Wirklich nur Wasser?«

Er lacht: »Erstmal Wasser. Dann Wodka. Und Sekt von der Krim.«

Ob man bei der Trauung auch was versprechen muß, will Luv wissen. So eine Art von Schwur, auf den Mann, oder auf den Staat und die Leute.

»Nein. Nur der Frau mußt du was versprechen. Daß du sie in Ehren halten willst. In Freud und Leid. Und auch, wenn sie mal krank ist.«

»Das ist gut«, sagt Luv. »Genau wie bei uns.«

Wir denken, daß es besser ist, vor der nächsten Bahnfahrt ein paar Flaschen Wein zu kaufen, und Alexej findet ein Geschäft, das welchen hat. Außer Wein gibt es nicht viel zu kaufen in dem Laden. Fisch vom Baikal und Ananas in Dosen mit der Aufschrift PRODUCE OF INDIA. Der Wein kommt aus Ungarn. Drei Rubel die Flasche. Alexej und der Taxifahrer lassen sich etwas geben, das wie Fruchtsaft aussieht. Ich sage zu Alexej, daß ich die Getränke gerne mitbezahlen möchte, aber das bringt nur ein Kopfschütteln von dem Fahrer ein und den Satz, von Alexej übersetzt: »Er verdient genug Geld und kann sich sein Getränk sehr wohl selbst bezahlen.«

»Wie schön für ihn«, sagt Luv.

Nachmittags laufen wir allein durch die Straßen. Und durch die hohen weißen Wellen. In einer Kirche knien viele alte Frauen. Aber auch ein paar junge Leute beten vor den Ikonen. Die Gläubigen haben keine andere Bleibe mehr in dieser Stadt. Weil alle anderen Gotteshäuser jetzt Museen sind. Auf dem Kirchhof gibt es noch den Grabstein einer Prinzessin, die mit ihrem Dekabristen hier in der Verbannung war.

Ein junger Russe stellt sich vor uns hin. Er sagt, daß er nicht gut Englisch sprechen kann, aber er muß uns unbedingt ein Souvenir geben. Dann drückt er eine kleine Medaille aus Blech in Luvs Hand. In das Blech ist ein Mann gestanzt, und er hält eine rote Fahne in den Wind. Außerdem, sagt der junge Mann, ist seine kleine Schwester krank. Sie ist ganz versessen auf Kaugummi. Vielleicht wäre es möglich, Kaugummi zu bekommen. Als Gegen-Souvenir. Luv hat noch ein Päckchen Wrigleys in der Tasche. Der Mann sieht sich nicht um. Wirft nicht mal einen raschen Blick über die Schulter, mal nachsehen, ob uns einer gefolgt ist.

Der Russe steckt das Päckchen ein. Und lächelt. Dann will er mein T-Shirt kaufen. Und wenn das nicht geht, meine Jeans. Oder meine Uhr. Ich sage, daß wir kaum was in unseren Koffern haben, und deshalb hätten wir auch nichts zu verkaufen, aber vielleicht könnte er uns einen Gefallen tun und mal ein paar Fragen beantworten, damit wir sein Land etwas besser verstehen.

Also gut, was wäre denn so von Interesse?

»Der Verdienst eines Menschen in der Sowjetunion. Und zwar im Verhältnis zu Lebenskosten und zu Steuern. Bei Ihnen zum Beispiel. Wie steht das so bei Ihnen?«

»Nein, nein, mich lassen Sie lieber aus dem Spiel. Verzeihen Sie schon, aber über mich spreche ich nicht gern. Doch nehmen wir meinen Vater her. Der ist Holzfäller. Draußen, am Baikal. Das bringt 300 Rubel jeden Monat, aber dafür fällt er auch so an die 900 Bäume in der Woche. Und für seine Isba, wissen Sie, was das ist? Also das ist so ein Blockhaus, dafür zahlt er acht Rubel jeden Monat. Und was die Steuern angeht, wenn einer erstmal 300 Rubel verdient, dann macht die Steuer so an die 1,5 Prozent aus.«

»Hören Sie, wir haben keine Ahnung, wie weit man hier kommt mit 300 Rubel monatlich, aber die steuerliche Seite klingt fast wie im Paradies.«

»Naja, das schon, aber auf der anderen Seite zahlen wir auch viel zuviel Geld für alle Sachen, die wir so zum Leben brauchen. Eine richtige Steuer ist das nicht, verstehen Sie, aber die Regierung schlägt auf die meisten Ladenpreise einen ganzen Batzen drauf. Und weil die Regierung ja der Hersteller von allem ist, was man so kaufen kann, nimmt die Regierung auch viel Geld vom Volk ein. Mit fast allen Sachen geht das so. Außer bei Brot. An Brot verdient die Regierung kein Geld. Aber sonst schon. An allen anderen Sachen, die man so zum Leben braucht. Damit wird dann die Armee bezahlt. Und die Administration, die Schwerindustrie, und wohl auch die Astronauten. Das ist ja wiederum verständlich, oder? Allerdings, man muß sagen, so wie das ist, ist es nicht ganz gerecht, denn die kleinen Leute zahlen im Laden dieselben Preise wie die Großen, nur, daß die Großen ja viel mehr Geld verdienen, also wenn man sich das Ganze mal von der sozialen Seite ansieht, dann liegt darin schon eine große Ungerechtigkeit.«

»Aber wie ist das? Wenn die kleinen Leute den großen Leuten mal Bescheid sagen würden, könnte sich da nicht so manches ändern?«

»Nein.« Der Mann schüttelt heftig den Kopf: »Nein. Wenn der kleine Mann dem Karren der Großen in die Räder fällt, dann spüren das die hohen Tiere nicht einmal. Doch ihm . . . ihm reißt das beide Hände ab.«

ÄRGERNIS UND EINBLICK IN EIN GANZ NORMALES LEBEN

Schwere Wolken. Kalter Regen. Keine Kirchenglocken. Große Stille. Autos gibt es kaum. Und die Menschen auf den Straßen schweigen. Von nirgendwo kommt mal ein Lachen. Der Fluß vor dem Hotel ist die Angara. Über dem anderen Ufer liegt langgestreckt der Bahnhof von Irkutsk. Von da kommt manchmal Poltern her. Räder über Schienen brechen in den frühen Morgen ein. Danach herrscht wieder Schweigen. Selbst die Lastkähne auf dem Fluß ziehen still dahin. Und Angler sitzen unbewegt in kleinen Booten.

Wir warten auf den neuen Fremdenführer. Alexej kommt heute nicht. Zweimal derselbe Lotse durch die Stadt, das geht wohl nicht. Könnte ja sein, daß du dich zu gut mit ihm verstehst.

Der neue kommt eine halbe Stunde zu spät. Und steigt nicht aus dem Auto. Sagt nicht, wie er heißt. Beachtet uns kaum. Sitzt vorne neben dem Fahrer. Und spricht nur über seine Schulter zu den lästigen Fremden, die da hinter ihm sitzen. Was er sagt, kann ich kaum verstehen. Luv will wissen, wo er uns hinbringt. Der Mann braucht lange mit der Antwort und sieht gelangweilt aus dem Fenster. »Zum Baikalsee«, sagt er dann.

»Ja, gut. Aber auch nach Listvianka. Und in die Taiga hinein, zu den Birkenwäldern mit dem Blockhüttendorf der ersten Siedler in Sibirien.«

Er schüttelt den Kopf und gähnt. »Nein. Nur zum Baikal.«

Jetzt wird mir die Sache ärgerlich. »Wir haben den Ausflug für einen ganzen Tag gebucht. 25 Dollar. Weil Rubel hier ja nicht genommen werden. 25 Dollar. Und dafür wollen wir gezeigt bekommen, was versprochen worden ist.«

Der Mann sieht nach vorne aus dem Fenster. Und seine Antwort kann ich nicht verstehen. Ich sage ihm, daß er etwas lauter reden muß, wenn ich ihn verstehen soll, und da meint er über die Schulter hinweg: »Ich spreche nicht lauter. So ist das nun mal.«

»Drehen Sie um«, sage ich. »Fahren Sie auf dem kürzesten Weg zum Hotel zurück.«

Im Büro von Intourist lassen sie uns lange warten. Hinter den Tischen sitzen ein paar Männer. Über Zeitungen gebeugt. Nur ein Schalter hat aufgemacht, und dahinter sitzt eine ältere Frau. Das ist ein Bild, das den Ärger nur noch größer macht, diese Kerle mit ihren Zeitungen, und die Hilflose, die nicht fertig wird mit den vielen Fremden. Vorn in der Schlange steht ein Franzose. Der Mann ist ziemlich aufgebracht. Eine ganze Zeitlang bringt er es fertig, leise zu sprechen, aber dann schlägt er mit der flachen Hand auf den Tisch. Immer wieder. Bei jedem Schlag zuckt die Frau zusammen.

»Ich - bin - kein - Herdenvieh! Verstehen - Sie? Ich - bin - ein - Mensch! Sie - sollten - in -Ihrem - Land - einmal - lernen, was - das - heißt: Das - Recht, ganz - einfach - nur - ein - Mensch - zu - sein!«

Dann bleibt er still stehen und horcht auf das Metallene in seiner Stimme, die von den hohen Wänden zurückspringt. Und er horcht auf die Stille in dem Raum. Die Stille erschreckt den Mann. Er läßt die Schultern hängen. Dann dreht er sich um, und ich sage: »Sie haben Recht. Aber was wollen Sie, in diesem Land treten die Leute ja sogar ihre eigene Verfassung mit Füßen.«

Er sieht mich fragend an, und ich deute an die Wand über den Männern mit ihren Zeitungen, weil sie da mit dicken bronzenen Buchstaben den Artikel 69 der Verfassung der Union der Sozialistischen Sowjetrepublik angebracht haben: ›Die internationalistische Pflicht des Bürgers der UdSSR ist es, zur Entwicklung der Freundschaft und Zusammenarbeit mit den Völkern anderer Länder beizutragen.‹

Eine Zeitlang starrt der Mann auf die Buchstaben an der Wand. Mit offenem Mund. Dann schüttelt er den Kopf und kramt seine Papiere auf dem Tisch zusammen und geht leise nach draußen.

Am Nachmittag laufen wir durch den Regen zum Kunstmuseum rüber, weil da Bilder von Kramskoj und Poussin hängen, und als ich die Tür hinter uns zufallen lasse, fängt ein junger Russe sie auf.

»Weil . . . es kracht sonst so fürchterlich«, sagt er, und ich sehe, daß er der junge Mann von gestern ist. Der vom Friedhof.

»Halten Sie Irkutsk für groß genug, daß man von Zufall sprechen kann?« sage ich.

Er lacht. »Nein. Ich bin Ihnen nachgegangen.«

»Also gut«, sage ich. »Sie kriegen mein T-Shirt. Kommen Sie in einer Stunde zum Fluß runter. Direkt vor dem Hotel sind ein paar Bänke. In dem Park da unten.«

»O danke«, sagt er. »Vielmals danke. Aber wie wäre es mit dem Hut?«

»Was meinen Sie, mit dem Hut?«

»Dieser da, den Sie auf dem Kopf tragen. Er ist aus ganz dünnem Stoff. Ich habe gesehen, wie Sie ihn zusammengedrückt und in die Hosentasche gesteckt haben. Wenn's regnet, tropft der Regen an ihm runter. So etwas gibt es nicht bei uns.«

»Wenn das so weitergeht, komme ich als Nudist in Moskau an. Also gut, den Hut kriegen Sie auch noch. Aber geschenkt. Möglich, daß Sie von der Polizei sind und mir eine Falle stellen wollen, und wenn ich Ihnen etwas verkaufe, dann gilt das als Devisenvergehen, und Sie können mich einsperren.«

»Ich bin nicht von der Polizei. Sie können mir das glauben.«

»Möglich, daß Sie es nicht sind, aber wenn ich Ihnen was schenke, kann niemand etwas dagegen haben, oder?«

»Nein«, sagt er. »Gegen Geschenke gibt es keine Gesetze.«

Eine Stunde später hört es auf mit diesem Regen. Wenn eine Bö vom Fluß kommt, schütteln sich die Bäume. Dann klatschen dicke Tropfen auf die Bank.

»Daß Sie sich von so einem Hut trennen können . . .«, sagt er und zieht sich die schlappe Krempe tief über seine Augen.

»Machen Sie sich keine großen Gedanken deswegen«, sage ich. »Das Ding hat keine vier Dollar gekostet.«

»Was werden Sie jetzt mit unseren Sachen anfangen?« will Luv wissen.

»Wenn Sie meine Rubel genommen hätten, dann würde ich alles weiterverkaufen. In so was liegt ganz schön viel

Profit. Aber Sie haben mir die Sachen geschenkt, und das ändert ja nun alles. Mit Geschenken mache ich kein Geschäft. Kaum einer von uns hier. Ein Geschenk ist ein Geschenk.«

»Wozu wollen Sie Profit machen?«

Er legt den Kopf schief und lacht. Das war bei ihm schon gestern so. Wenn er lacht, legt er den Kopf auf eine Seite.

»Ach, es scheint ja fast, als würden Sie zu der Sorte gehören, die glaubt, daß man in einem sozialistischen Staat keinen Wert legt auf Geld.«

»Ja«, sagt Luv. »Ich habe nie verstanden, wozu man in einem sozialistischen Land überhaupt Geld braucht, wo doch der Staat der einzige Unternehmer ist und dem Volk alles gemeinsam gehören soll.«

»Wenn Sie nur wüßten, wie Sie sich irren«, sagt der junge Mann. »Wir legen durchaus großen Wert auf Geld, denn wenn man es hat, kann man sich das Leben sehr viel angenehmer gestalten. In den ersten Jahren nach der Revolution wird das sicherlich anders gewesen sein, denn da war nur von Bedeutung, daß die Revolution den Menschen ihre Freiheit eingebracht hat, und alle haben sich gleich gefühlt, gleichberechtigt sozusagen, und ich glaube schon, daß Geld in den ersten Jahren keine Rolle gespielt hat, denn es ging ja nur darum, das Nötigste für das Leben mit diesem Geld anzuschaffen, also Kleidung und was zu essen auf den Tisch. Doch das ist lange her. Inzwischen gibt es auch andere Dinge. Schöne Kleider für die Frauen oder ein kleines Auto, wie das, was die Italiener jetzt bei uns bauen. Und es gibt auch hübsche Gegenstände. Meine Tante zum Beispiel ist ganz vernarrt in Porzellanfiguren und in Spitzendecken. Ihre Isba ist voll mit diesen Figurinchen, und auf den Sesseln liegen Häkeldeckchen, und vor den Fenstern hängen Vorhänge aus teuren Spitzen. Ich finde es ehrlich gesagt ziemlich scheußlich, weil es so ›Burshuj‹ ist. Ich für mein Teil spare auf etwas anderes hin. Mein Traum ist ein Motorboot. Weiter oben an der Angara ist ein Mann, der baut so drei, vier Boote jedes Jahr, immer abends, in seiner freien Zeit. Es gibt nur ganz wenig Leute bei uns, die ein Motorboot besitzen, und sicherlich werde ich auch angefeindet werden, eines Tages, aus Neid. Aber daran muß ich mich wohl gewöhnen. Ich werde abends über den Fluß sausen. Oder ich suche mir eine stille Bucht zum Angeln aus, verstehen Sie?«

»Ja«, sage ich. Er steht auf und geht einmal suchend im Kreis herum. »Ausnahmsweise kümmert sich keiner um Sie. Sonst schnüffeln die immer hinter den Fremden her.« Dann legt er den Kopf schief. »Sie sehen so aus, als wollten Sie mehr wissen über uns und unsere Rubel.«

»Ja«, sagt Luv, »wenn es Ihnen nichts ausmacht.«

Er nickt. »Also, das liegt schon weit zurück, 1931 ist das gewesen, da hat ›der Stählerne‹ eine Rede gehalten, eine seiner wichtigsten, weil sie alles verändert hat, und ... Wissen Sie, wer das ist? Nein? Stalin. Direkt übersetzt heißt Stalin: Der Stählerne. Also, in der Rede hat Stalin schon nicht mehr von Gleichheit gesprochen, sondern von ›Urawnilowka‹, und das ist schon äußerst zynisch gewesen, denn Urawnilowka bedeutet ›Gleichmacherei‹, und in Konsequenz hat er gesagt, daß er das alte Tarifsystem jetzt zerschlägt, weil es nicht geduldet werden darf, daß in unseren Eisenhütten beispielsweise ein Walzstraßenarbeiter den gleichen Lohn erhält wie ein Handlanger. Seit dem Jahr ist das ganze Bild des Kommunismus verändert worden, denn plötzlich gab es nicht nur unterschiedliche Löhne, sondern auch den ›Leistungslohn‹, und Sie können das ganz getrost eine soziologische Veränderung nennen. Sehen Sie, Stalin hatte erkannt, daß der Ruf nach Gleichheit zwar eine Revolution zum Erfolg führt ... aber in einem modernen Industriestaat ist für Gleichheit kein Platz.«

»Es ist erstaunlich«, sage ich. »Für einen Mann, der den Fremden ihre T-Shirts vom Leibe reißt, wissen Sie 'ne ganze Menge.«

»Ich habe darauf gewartet, daß Sie eine solche Bemerkung machen. Nun, ich bin Student. Ich habe das belegt, was Sie in Ihren Ländern Volkswirtschaft nennen. Und Politische Wissenschaften.«

»Verstehe. Das erklärt allerdings vieles.«

»Wie es wohl mit den Akkordlöhnen steht?« meint Luv. »Ich habe gelesen, daß Ihre Leute auch im Akkord arbeiten, und das ist ja nun wirklich eine ziemlich grausame Erfindung ... So eine Art von kapitalistischer Sklaventreiberei.«

»Zugegeben, unser System hat vieles von den Methoden des Westens übernommen. Da ist zum Beispiel der ›Bonus‹. Wir haben ihn nach Ihrem Muster eingeführt. Allerdings machen wir damit nicht immer die besten Erfahrungen.«

»Und warum nicht?«

»Nun, setzen wir einmal den Fall, daß die Direktion der Pumpenfabrik ROTER OKTOBER einen Bonus erhält, wenn sie mehr als dreißig Pumpen im Monat herstellt. Also werden die Arbeiter zu mehr Leistung angetrieben, was aus rein menschlichen Gründen oft zu Schluderei führt. Darüber hinaus spart die Direktion bei den ersten dreißig Pumpen nun auch noch an Material, und sie stellen auch keine Ersatzteile mehr her. Ergebnis: Der Bonus wird gezahlt, aber die Pumpen sind von minderwertiger Qualität, und wenn sie defekt werden, ist eine Reparatur ausgeschlossen, weil die dazu nötigen Ersatzteile nirgends aufzutreiben sind, verstehen Sie? Schlimm ist das, aber ohne Bonus-System würde unsere Wirtschaft vermutlich schwere Rückschläge erleiden.«

»Hören Sie«, sage ich nach einer Weile, »es ist anzunehmen, daß Sie, ebenso wie alle anderen jungen Menschen hier, von klein auf mit dem Ziel vor Augen erzogen worden sind, daß es eines Tages in der Sowjetunion den wahren Kommunismus geben wird. Bis heute ist das nicht gelungen, und ich kenne Kommunisten in westlichen Ländern, die erkannt haben, daß dieses Ziel auch niemals erreicht werden kann. Jedenfalls nicht in Konsequenz. Denn der Marxismus ist ja nun einmal eine Folge der frühkapitalistischen englischen Wirtschaft des 18. Jahrhunderts und der deutschen idealistischen Philosophie des 19. Jahrhunderts, und da stellt sich doch die Frage, ob dieser schöne Traum auch im 20. Jahrhundert noch geträumt werden kann.«

»Die Überlegung ist nicht neu«, sagt er. »Und ich, für meine Person, stehe auf dem Standpunkt, daß ganz allein der Sozialismus das große Ziel sein sollte. Nicht der Kommunismus. Und den Sozialismus haben wir fast geschaffen. Zugegeben, es gibt immer noch Mängel. So gibt es beispielsweise noch immer große Klassenunterschiede in unserem Staat, und die Unterschiedlichkeit der Löhne ist zu groß geworden. Da klafft eine große Kluft, und wenn ich bedenke, daß einige unserer Schriftsteller so an eine Million Rubel im Jahr verdienen, dann ist die Kluft einfach zu groß, die Kluft zwischen dem Dichter und meinem Vater, der für dreihundert Rubel im Monat Bäume fällt. Es ist auch nicht richtig, daß die Natschalniki, das sind die großen Bosse, daß die ihre Luxusvillen am Schwarzen Meer haben, und daß die Söhne und Töchter dieser Oberschicht uns die Studienplätze wegnehmen, auch wenn sie nur getrocknetes Gras in ihren Köpfen haben. Das alles ist nicht richtig, aber das stellt nicht unser System in Frage. Und außerdem ändert sich das jetzt ganz gewaltig, weil wir endlich einen Mann wie Jurij Andropow haben, und der räumt auf mit dieser Vetternwirtschaft, wie sie unter Leonid Breschnew geherrscht hat.« Er sieht über den Fluß hinweg. Dann schiebt er sich den Hut aus dem Gesicht. »Glauben Sie mir, ich werde ihn noch erleben, den wahren Sozialismus. Verlassen Sie sich darauf.«

»Wir sind gespannt«, sagt Luv. »Tatsächlich. Aber ich würde gern noch eine letzte Frage stellen. Haben Sie wirklich eine kleine Schwester? Gestern auf dem Friedhof . . . Sie haben gesagt, daß Sie Kaugummi wollen für Ihre Schwester, und daß die Kleine krank ist.«

»Nein«, sagt er. »Ich habe keine Schwester. Sie müssen mir den plumpen Trick vergeben. Aber, sehen Sie, es ist eine gute Methode, an Ausländer heranzukommen.«

BAIKAL

Es geht darum, sich den neuen Tag nicht verderben zu lassen, denn selbst wenn du alle Stunden zusammenzählst, die das Leben dir schenkt, dann ergibt das noch immer eine Zahl, die du im Kopf ausrechnen kannst, also gehst du besser sorgsam mit den Stunden um, und läßt dir die Freude an dem neuen Tag nicht nehmen.

Die Neue, die sie uns für den Nachmittag mitgeben, ist ein blasses Mädchen, mild, mit rotbraunen Augen, und ihr Name ist Olga. Wir fahren über eine breite Straße. Sie ist ziemlich neu, und das Regenwasser kann gut abfließen. Weil das Wasser schon seit Stunden aus den Wolken fällt, ist die Taiga dunkelgrün geworden. Der Waldboden erinnert sich noch an die Wärme von gestern, und wenn der kalte Regen von den Blättern tropft, steigen Nebelschwaden zwischen den Bäumen hoch, und das sieht dann aus, als ob die Wälder schwitzen. Olga deutet auf einen Fluß hinter den Wäldern. »Das ist die Angara. Wir nennen sie ›die schöne Tochter des alten Baikal‹.«

Später kommen wir um eine lange Kurve, und Olga sagt, daß da vorne schon der Baikal zu sehen ist, aber wer die Gegend nicht kennt, wird den See kaum ausmachen können, weil schwere Wolken bis tief runter auf das Wasser hängen.

Olga erklärt die Sache weiter. »Der Baikal ist einer der ältesten Seen der Welt. Sein Alter wird auf zwanzig Millionen Jahre geschätzt. Schade, daß er heute so schwarz aussieht, so gefährlich, denn sonst ist sein Wasser ganz hell und klar, man kann den Grund noch bis zu dreißig Metern Tiefe sehen. Baikal ist übrigens der einzige See der Welt, der eine Meile tief ist. Bedenken Sie: 1,6 Kilometer tief! Man sagt auch, daß der Baikal zu den größten Seen der Welt zählt, denn seine Fläche ist so groß wie Belgien und Holland zusammengenommen. 336 Flüsse münden in den See, aber die Angara ist der einzige Fluß, der auch wieder herausfließt.«

Wir rollen in ein kleines Dorf und halten bei der Mole. Auf der anderen Seite der Straße stehen Isben zwischen Wiesen. Die verwitterten Katen sind von Staketenzäunen eingerahmt, und an die Zäune lehnen sich windschiefe Schuppen. Olga sagt, die Leute halten ihre Schweine in solchen Schuppen, und da drin ist auch der Winkel für die Klosetts, aber diese Häuser sind ja auch schon immer so gewesen, weil sie noch aus der Zeit der Zaren stammen, als die Eisenbahnarbeiter hier die Schienen über das Eis des Baikal legen mußten.

Eine schlammige Straße zieht in gerader Linie an den Katen entlang. Vor einem Brunnen macht die Straße halt, und Frauen, die mit ihren Eimern zu dem Brunnen wollen, versinken bis zu den Waden im dunklen Schlamm.

In dem Hafen hinter der Mole sind Fischkutter festgemacht. Große Boote aus Eisen. Weiß gestrichen. Mit Radarantennen vor den Masten. Die Fischer warten im Windschatten vor den Lagerschuppen, lehnen an den grauen Wänden und dösen in den Regen. Sie haben die

Hände tief in den Hosentaschen vergraben, und dicke Zigaretten hängen schwer, wie festgewachsen, in den Winkeln ihrer Münder.

»Interessiert es Sie zu erfahren, welche Art Fische im Baikal anzutreffen sind?« fragt Olga.

»Der Golomianka beispielsweise«, sagt Luv. »Das ist eine ganz seltene Fischart, und der wird so an die zwanzig Zentimeter lang. Ein Drittel von dem Fisch ist Kopf, und die Augen quellen ihm raus, wie diese Scheinwerfer an manchen Sportwagen, wenn die Lampen aufgeklappt sind. Ich hab es erst kaum glauben können, aber so ein Golomianka legt keine Eier, sondern produziert richtiggehend kleine Fische, und zwar viele, bis zu 2000 winzige Fische, und das Schönste ist, daß die auch sofort schwimmen können ... Und wenn es zum Sterben kommt, dann lassen sich diese Golomianka zum Grund des Sees sinken, die weiblichen Fische mit den männlichen, und da werden sie dann zu Schlick. Einige von ihnen schaffen es aber nicht ganz runter bis zum Grund des Sees, weil es da in dem Baikal auch Robben gibt, und für die ist so ein Golomianka wohl eine regelrechte Delikatesse. Nun muß man sich das einmal vorstellen, Robben in Süßwasser! Auf der ganzen Welt gibt's das kein zweites Mal. Die Wissenschaftler vermuten, daß der Baikal früher zum Eismeer gehört hat, am Anfang der Welt, aber dann hat es eine Erdumwandlung gegeben, und die Robben sind sozusagen als Gefangene in dem neuen See zurückgeblieben. Klingt eigentlich einleuchtend, findest du nicht? Und dann gibt es im Baikal auch noch einen anderen Fisch, der seine Artgenossen verschlingt. Das ist der Omul. Genau gesagt frißt der nicht nur andere Omuls, vielmehr frißt der seine eigenen Jungen, aber wenn er gefangen wird, dann schreit er.

Mit einer richtigen Stimme. Und die soll ganz schön laut sein.«

»Ist das wahr?«

»Also, zumindest hab ich das so gelesen.« Luv faßt sich an den Hals. »Ich hätte nicht soviel reden sollen. Mein Hals fühlt sich an wie rohes Fleisch.«

Olga schüttelt den Kopf.

»Wie kommt das nur ... Schließlich sind Sie nicht von hier ... Wie können Sie nur so gut über alles informiert sein?«

»Ach, wissen Sie, ich habe einen großen Spaß daran«, sagt Luv. »An allem, was im Wasser ist, habe ich schon immer einen großen Spaß gehabt. Zu Hause in Florida gibt es eine Sache, die heißt SEA WORLD, und da kann man Mädchen mit Delphinen schwimmen sehen. Das Ganze heißt ›Der Tanz der Wassernixen‹. So eine Wassernixe, das ist ein richtiger Beruf, verstehen Sie, und da habe ich eben als Kind immer vor diesem riesigen Aquarium gesessen und habe davon geträumt, daß ich auch mal so eine Wassernixe sein werde, wenn ich groß bin.«

Wir laufen an den Booten entlang und laufen durch den Regen, und als es Luv dann friert, werden die Halsschmerzen schlimmer. Sie meint, ein Tee wäre jetzt gut, aber Olga sagt, es geht nicht, erst um zwei Uhr, weil wir um zwei dran sind mit dem Mittagessen, im Hotel BAIKAL, da haben sie ein Restaurant für Ausländer, aber vor uns sind noch ein paar Reisegesellschaften dran, und deshalb dürfen wir vor zwei da nicht aufkreuzen.

Wir laufen am See entlang, und ich sehe mich nach einem Lokal um. Am Ende des Dorfes finde ich eines. Es liegt dem Ufer gegenüber. Erst kommt das Ufer, dann kommt die Straße, und dahinter liegt das kleine graue Haus. Eine

Reklame gibt es nicht, aber ich kann sehen, daß es ein Restaurant ist, weil immer wieder Menschen aus der Tür kommen, und die anderen draußen warten müssen, bis die schmale Tür frei ist. Olga sagt, Njet, es geht nicht, daß wir da reingehen, weil das kein Restaurant für Ausländer ist. Wir reden ziemlich lange über diesen Punkt. Luv sagt, ach laß das nur sein, die Sache ist zu ärgerlich. Aber ich kann sehen, wie kalt es ihr ist, und deshalb sage ich, Olga, dieses Njet ist ganz ohne Frage das wichtigste Wort in der russischen Sprache, aber neulich im Zug habe ich dieser Matrioschka gegenüber nur eine einzige Bitte geäußert, und sie hat siebenmal Njet gesagt. Können Sie sich so was vorstellen? Auf eine einzige Frage gibt sie mir sieben Njet! Das war sowjetischer Rekord! Also Olga, nun überbieten Sie mir bloß nicht den Rekord . . .

In dem Lokal ist es kalt, und an den langen Tischen sitzen junge Männer und ein paar Matrosen. Die jungen Männer haben viele Abzeichen an den Hemden. Olga sagt, die gehören zum Kommunistischen Jugendverband, das sind Komsomolzen, und sie arbeiten hier freiwillig, wissen Sie, beim Verlegen der neuen Gasrohre, da helfen die mit. Weiter hinten spielen ein paar alte Männer Karten. Zwei Stühle sind noch frei. Wir schieben uns zwischen den Tischen durch, und ich lehne mich neben den beiden Frauen an die Wand. Die Kellnerin ist eine große, dürre Person. Olga erklärt ihr, daß wir Tee brauchen, aber die Kellnerin sagt, daß jetzt Essen serviert wird und für Tee ist keine Zeit. Wie sie das so sagt, liegt da eine ziemliche Endgültigkeit drin, und ich denke mir, daß es besser ist, wenn ich mal nach draußen in den Vorraum gehe. Früher ist das sicher mal so eine Art von Tenne gewesen, aber jetzt verkaufen sie da Anstecknadeln und Spazierstöcke und Bären aus Plastik von der letzten Olympiade. Hinter dem Tisch sitzt eine junge Frau in einem weißen Kittel. Erstmal sage ich »Tee«, aber weil sie mich nicht versteht, sage ich »Tschai«, und dann spiele ich ihr was vor. Ich spiele ihr eine Frau vor, und das bringt sie zum Lachen. Aber dann fange ich an zu zittern, wie man das eben so vorspielt, wenn einer Frau kalt ist, und sie hat Schüttelfrost und braucht ganz dringend einen Tschai. Die anderen Leute, die auch in das Lokal wollen, aber noch nicht dran sind, stellen sich ringsum an die Wände und sehen mir zu und lachen. Die Dicke in dem weißen Kittel lacht auch, und ich sage Tschai bitte, aber am liebsten mit Rum. Kuba, sage ich und Rum, und nun hören Sie mir nochmal genau zu: Tschai mit Rum aus Kuba, und da nickt sie und kneift mir in den Arm und geht in die Küche und läßt mich so lange warten, daß ich schon denke, die kommt niemals wieder raus aus dieser Küche, aber dann kommt sie doch raus und hat ein Tablett in den Händen mit Tee drauf und einer Flasche Cognac.

Der Tee macht Luv ganz rote Backen. Ich trinke ein paar Gläser von dem Cognac und seh den Männern zu, die sich vor die langen Tische stellen und warten, ob mal ein Stuhl frei wird. Aber die Kellnerin sagt, daß das nicht geht. Die hagere Frau verbreitet Angst. Sie hat eine laute Stimme, und die Männer müßten jetzt eigentlich zu ihr sagen: Nun, nun Genossin, wir warten doch nur hier ganz still und stören auch keine Menschenseele, aber sie sagen es nicht. Sie sagen gar nichts. Es ist, als hätte die Obrigkeit aus der Kellnerin gesprochen, und als würde der lange Arm von diesem Jurij Andropow hier in dieser Kneipe enden. Das sieht tatsächlich so aus, denn die Männer ziehen ihre Hälse ein und sagen keinen Ton. Wie Schildkröten machen sie das. Sie ziehen die Köpfe zwischen ihre Schultern und trotten nach draußen in den Regen.

Später wird es schlechter mit Luvs Hals, und als wir ins Hotel zurückkommen, hat sie Fieber. Ich gehe los, noch mal Tee besorgen. Die Leute im Speisesaal hören gar nicht richtig hin. Njet. Tee gibt's hier nur für Reisegruppen. Tee für Individualisten gibt's in dem anderen Restaurant, weiter oben, ein Stockwerk höher.

Ich sage mir, dies ist nun das zweite Mal, daß es Streit um eine Sache gibt, die du als eine ganz normale Sache ansiehst, nur ein paar Blätter Tee und heißes Wasser, aber du bist nun mal in einem Land, in dem es keine normale Sache gibt, nicht die kleinste Kleinigkeit kannst du hier erreichen ohne Streitereien.

Das Restaurant im ersten Stock ist gut beleuchtet, und weil kaum Gäste an den Tischen sitzen, wirkt das Ganze ziemlich kalt. Der Kellner sagt, wenn ich mich nicht hinsetze und was esse, habe ich auch kein Anrecht auf eine Tasse Tee.

Die Frau beim Empfang hebt nur die Schultern, weil sie keine Ahnung hat, wo es in diesem Hotel Tee zu holen gibt, aber im Büro von Intourist sagen sie: Tee? Ganz einfach: in der Bar, und zwar in der kleinen, die wir speziell für Ausländer eingerichtet haben, Sie wissen schon, im Keller, zweite Tür rechts.

Die Bar hat weiße Wände, aber das Neonlicht macht alles rot. Es ist kaum Luft zu kriegen in dem kleinen Raum, weil sie hier wohl nie richtig Durchzug machen können. Auf einem dieser hohen Stühle sitzt ein Mann. Er hat den Kopf in die Hände gestützt und singt. Leise. Er singt sich ganz allein was zu.

Ich sage dem Barmann, daß ich Tee haben möchte, und

bin ganz überrascht, weil der nickt: Tee? Ja, gut, kann ich Ihnen aufgießen, macht 5 Dollar das Kännchen.

Das ist so eine Sache mit dem Zorn, und wenn du spürst, wie er in deinen Kopf hochsteigt. Ich lege ein paar Rubel hin und sage, daß ich genug habe von dieser Wegelagerei, und deshalb wäre es wirklich besser, wenn er jetzt nicht mehr viel über Dollars zu reden hätte.

Ich haste die Treppe hoch, und Finchy sagt zu mir: Du siehst ziemlich albern aus, wenn du so böse wirst. Plusterst dich auf, bloß wegen so ein bißchen Tee . . . Hör mal zu, oben im Koffer ist noch eine Flasche Scotch, das ist gut, Tee und Scotch, und eine lange Nacht voll Schlaf, du wirst das Mädchen schon wieder auf die Beine bringen, aber das war eine blöde Idee, überhaupt hier nach Sibirien zu fahren, und wie das ist, wenn du mal raus bist aus dem goldenen Käfig, das hast du jetzt endlich auch gesehen, oder?

Ja, sage ich zu ihm, ja Finchy, und ganz schön deutlich.

BIS ZUM ENDE DER GEDULD

Es ist früh um fünf, und einer von diesen frischen Sommermorgen. Luv meint, sie sei jetzt wieder knallgesund.

Draußen vor der Glastür fängt der Tag mit einem grauen Himmel an, aber in der Hotelhalle ist noch immer Nacht. Zwischen den kahlen Wänden hockt so eine schläfrige Art von Finsternis. Wie in einer Totengruft. In einem der Sessel sitzt ein junges Mädchen. Ihre nackten Beine leuchten wäßrig in der Düsternis. Vor ihr hockt ein Mann. Er hat seinen Kopf in ihren Schoß gelegt. Auf einem Sofa bei der Tür sitzt ein Japaner. Das Mädchen starrt den Japaner an. Nach einer Weile gähnt der Mann, der seinen Kopf auf dem Schoß des Mädchens liegen hat, und sie streicht ihm seine langen Haare aus der Stirn.

Hinter dem Fenster zum Büro wippt ein alter Mann auf einem Stuhl, und eine Lampe malt eine unwichtige Insel aus blassem Licht über seinen Schreibtisch.

Die Tür nach draußen, zu dem grauen Morgen hin, ist verschlossen. Ich sage zu dem Mann hinter dem Fenster, daß ich raus will an die frische Luft, und er möchte doch mal die Tür aufschließen, aber er schüttelt nur den Kopf. Njet.

Nun, und wie wär's mit etwas Licht? Denn, wenn schon eingesperrt, dann wenigstens bei etwas Licht. Njet. Der

Mann, der seinen Kopf im Schoß des Mädchens hat, stößt ein helles Kichern aus. Das Mädchen will ihm den Mund zuhalten, aber er schiebt ihre Hand beiseite und sagt, ich soll als Nächstes bloß nicht nach Frühstück fragen, weil, den Fehler haben sie schon gemacht, und wenn man nach Frühstück fragt, dann wird der Kerl ganz fuchsteufelswild und verschluckt sich womöglich noch an seinem Njet.

»Sind Sie Däne?« frage ich.

»Ja«, sagt er. »Sie haben das an meinem Akzent erkannt. Der Junge da drüben, das ist ein Japaner.« Dann gähnt er laut. »Der Zug fährt bald ab. In sechzehn Minuten. Wenn die uns zu Fuß zum Bahnhof lassen würden, könnten wir's noch schaffen. Aber die lassen uns ja hier nicht raus. Und der Bus kommt auch nicht.«

»Das ist alles, was ich mir wünsche«, sagt Luv, »noch so ein Tag in dieser Stadt.« Dann geht sie rüber zu dem Wippenden in sein Büro und wühlt in den Pässen, die vor ihm auf dem Tisch liegen, und als der Alte ihre Hände festhalten will, höre ich den Ärger in ihrer Stimme. »Sehen Sie sich das gefälligst einmal an! Hier steht es: ›Dieser Paß ist das Eigentum der Vereinigten Staaten von Amerika‹! Und nehmen Sie bloß ihre Finger von dem anderen Paß weg, denn wir müssen zum Zug, verstehen Sie? Eisenbahn! Trans-Sibirien-Expreß!«

Ich sehe, wie der Alte zum Telefon greift, und dann kommt Luv aus dem Büro. »Mit wem spricht der da am Telefon? Etwa mit der Polizei?«

Wir stehen auf und horchen auf die Geräusche draußen von der Straße. Dann höre ich einen Fahrstuhl kommen. Der Alte aus dem Büro hastet mit seinem Schlüsselbund zur Tür.

»Komm«, flüstert Luv. »Komm schnell.«

Wir nehmen unsere Koffer und drängen nach draußen.

»Njet!« ruft der alte Mann. »Njet!«

An der Straße steht ein Autobus. Der Alte fuchtelt mit den Händen über seinem Kopf herum und stößt ein paar Sätze aus.

»Wir müssen einsteigen«, sagt der Japaner. »Weil dieser Bus uns zum Bahnhof bringt.«

»Oh, wirklich?« sagt Luv. »Ich dachte schon . . .«

»Es ist zu spät«, sagt der Däne. »Bis wir da sind, ist der Zug längst weg.«

»Wir sollten es versuchen«, sage ich. »Vielleicht hat der Zug ja auch Verspätung.«

Der Fahrer läßt den Motor an, aber er fährt nicht los. Die Tür ist noch offen, und der Fahrer sitzt nur so da und starrt verschlafen auf das Steuerrad, und dann sieht er hoch und starrt in den Nebel.

»Wir haben Nebel«, sage ich. »Ziemlich dick. Aber warum fährt der Mann nicht ab?«

»Wir müssen auf den Reiseleiter warten«, sagt der Japaner. »Die ganze Zeit warten wir schon auf den Reiseleiter. Darum geht das Ganze, denn ich glaube, der Reiseleiter hat verschlafen.«

Wir sitzen im Bus und hören auf das Klappern der Ventile in dem alten Motor. In meinen Ärger mischt sich Ungeduld, und als der Reiseleiter die Stufen zum Bus hochklettert, treibt mir der Wind seinen Atem zu. Das ist eine ekelige Sache: Zigaretten, Bier und Cognac, morgens, wenn sich einer nicht gewaschen hat. Die Augen des Mannes sind rot und über den Winkeln zugeschwollen. Er kehrt uns den Rücken zu und stellt sich neben den Fahrer. Dann sagt er dem anderen, daß es losgehen soll, und zündet sich eine Zigarette an und hält sich mit der anderen Hand an dem Gestänge fest.

Am Bahnhof sagt er, daß wir sitzen bleiben müssen, und rennt zu dem Gebäude rüber, obgleich er sehen kann, daß der Zug längst abgefahren ist. Und dann beginnt eine Sache, die immer wieder ganz nah an einer Katastrophe vorbeischrammt. Und wenn du an diese vielen unmöglichen Dinge zurückdenkst, in denen du schon dringesteckt hast in deinem Leben, dann mußt du dir trotzdem sagen, daß du diesmal viel näher an so einem Unfall vorbeischrammst, und manchmal fehlt da nur ein Haar. Der Reiseleiter ruft, daß wir den Zug auf der nächsten Station einholen müssen, und dann hetzt der Bus in den Nebel hinein. Es ist ein großer Touristenbus, so einer für dreißig Personen oder mehr, aber der Fahrer behandelt das schwere Ding, als hätte er da so einen Sportwagen im Griff, und den kann er durch den Schlamm jagen, und selbst wenn er ihn um tiefe Schlaglöcher herumschleudern läßt, kippt so ein Ding noch längst nicht um. Wir werden in der Schleuderei hin- und hergeworfen, und an den roten Ampeln preßt der Fahrer seinen Ellbogen auf die Hupe und gibt Gas, und die Frauen schreien schrill. Sie rufen ihm zu, daß er langsam fahren soll, aber er hört nicht auf die Frauen, weil ein Militärlastwagen auf der Kreuzung steht, und er uns daran vorbeischleudern muß. Aus dem Nebel taucht ein Panjewagen auf. Der Gaul steigt hoch, voller Entsetzen, und dann rumpeln wir über einen Acker, und danach kommt wieder der Schlamm der Straße. Ich hangele mich nach vorn und stelle mich hinter den Fahrer und rufe in das Kreischen von Metall und Glas hinein, daß wir das nicht mehr mitmachen, und jetzt ist Schluß mit dieser Raserei, aber im gleichen Moment kreischen die Bremsen, und wir halten vor einem hohen Gebäude. Der Reiseleiter springt nach draußen und hastet die Stufen zu einer langen Brücke hoch. Wir steigen zögernd in den kalten Nebel hinaus und fragen uns, wo wir wohl sind. Die Stille, die es da plötzlich gibt, macht uns schwindlig. Weil es so eine Stille ist wie am Ende eines bösen Traums.

Es dauert lange, aber dann taucht der Reiseleiter durch den Nebel vor uns auf. Er schüttelt den Kopf, weil der Zug auch hier schon abgefahren ist, und dann gibt er uns den Befehl, einzusteigen, und zwar sofort, weil wir den Zug auf dem nächsten Bahnhof erwischen müssen, aber wir sagen ihm, daß es seinen Befehl ab jetzt nicht mehr gibt, und alles, was es noch gibt, ist sein Reinkriechen in den Bus und sein Mundhalten. Und dann sagen wir ihm, daß wir jetzt die nächste Transsibirische nehmen werden. Ganz gleich, welche Art von Zug da kommt. Und Widerrede gibt es nicht.

Dann fahren wir langsam durch den Schlamm zurück.

»So ein Haß ist schlimm . . .«, sagt Luv. »Vorhin habe ich zum ersten Mal so richtig Haß gesehen. Aus diesen verschwollenen Augen da . . .«

Es ist gut, wieder im Zug zu sein. Das Rattern macht schläfrig und hüllt dich ein in diese schläfrige Gemütlichkeit. Luv füllt meinen Becher bis zum Rand, und ich sage: »Auf unser Zuhause. Weil der Zug jetzt fast wie ein Zuhause ist.«

Wir rollen durch das gleiche satte Grün wie schon am ersten Tag im Zug. Abends brechen die Wolken in viele Stücke. Dicke Tropfen hängen an den Bäumen. Eine müde Sonne macht aus den Tropfen Perlen. Neben den Schienen läuft eine Telefonleitung durch die Wiesen. Auf einem dieser Masten sitzt ein großer Vogel. Ich nehme an, daß es eine Krähe ist. Die Krähe hat ihre Flügel weit ausgebreitet und hält sie der Sonne zum Trocknen hin. Wie schwarze Wäsche auf der Leine.

Es ist ein anderer Zug als der Rossija eins, seine Wagen sind grün angestrichen, und über dem kyrillischen Fahrplan ist sein Name aufgedruckt, Baikal, aber die Männer lehnen im Gang an der Wand und haben ihre Schlafanzüge an, und deshalb könntest du wetten, daß du in der Transsibirischen von neulich bist.

Auf der rechten Seite lehnt ein Mann neben mir, der seinen Straßenanzug anbehalten hat. Es ist eine andere Art von Anzug, eher so einer, wie wir sie im Westen tragen, aber das Gesicht des Mannes sieht wie das Gesicht eines Russen aus. Er grinst mich an und kneift beide Augen zu.

Das macht den Eindruck von Mitwisserschaft. Wie einer der sagt, ich weiß Bescheid, aber ich werde unser Geheimnis auf jeden Fall für mich behalten.

»Sie kommen mir was bekannt vor«, sagt er nach einer Weile, »Ihr Gesicht . . . da hätt ich die Hand hoch heben können und schwörn, daß wir uns kennen . . . aber weiß schon, wir haben uns nich schon mal getroffen, weil sie sind ja einer von diese Leut, vom Fernseher, weiß schon, nur was Ihr Name is, da kann ich nich drauf kommen.«

»Sind Sie sicher? Vom Fernsehen? In diesem Land?«

Er schüttelt den Kopf, und seine hellen Haare fallen weit über seine Augen. »Nein, doch nich in diesem Land hier. Bei uns zuhaus. In Deutschland. In der Republik. Aber in der Federalen.« Dann kneift er wieder seine Augen zu. »Kann sein, ich seh aus wie so ein Russ, und möglich auch, daß ich das bin, aber wenn Sie wollen, gehn wir zu der Matrioschka, weil die hat mein Paß, un der is auch ein federaler Paß, ganz genauso gleich wie der Ihrige.« Dann steckt er seinen Kopf in die Tür zu seinem Abteil. »Möchtest nich was rauskommen, Bub? Kannst deine Radieschen mitbringen und was zu uns kommen, und kannst auch dem Mann hier sagen, wie sich das gefügt hat, daß du nich so als Russ bist auf die Welt gekommen, als so ein dummer Russ, wie dein Vater ist einmal gewesen.«

Der Junge kommt aus dem Abteil und setzt sich auf den Klappsitz an der Wand.

»Ist noch was schmächtig, der Bub, aber hat auch erst zwölf Jahre, wird noch kräftig wachse . . . Breit werde . . . und was dicker, damit aussieht wie sein Vater.«

Der Bub hat einen Teller in der Hand. In der Mitte ist Salz aufgehäuft, und die Radieschen hat er wie einen Kranz um das Salz herumgelegt.

»Wollen Sie es wirklich hören?« fragt er. »Ich meine, ob es Sie interessiert, warum mein Vater kein Russ mehr ist?«

Die Art, wie er Deutsch spricht, ist ohne jeden Fehler. Hochdeutsch. Und du mußt schon genau hinhören, wenn du das bißchen Singsang erkennen willst, das aus dem Rheinland kommt.

»Ja«, sage ich. »Das würde ich gerne hören.«

»Vater ist Wolgadeutscher, vom Jahrgang '37«, sagt der Bub, und an der Art, wie er es sagt, ist Langeweile herauszuhören, wie bei einem, der die Geschichte schon oft erzählt hat, und nun weiß er nicht mehr, wie oft denn wohl.

»Das sind alles deutschstämmige Leute gewesen, die an der Wolga entlang gewohnt haben, weil das Land in dem Gebiet sehr fruchtbar ist. Die Wolgadeutschen haben zwar nur Russisch gesprochen, höchstens die alten Leute konnten Deutsch, aber sie haben sich alle als Deutsche gefühlt, und deshalb hat Stalin sie nach Sibirien geschickt. Im letzten Krieg. Alle sind sie verfrachtet worden. In Güterwagen. Mit Gewalt. Ab nach Sibirien, und ihr Land an der Wolga ist enteignet worden. Die Häuser ebenso, und in Sibirien haben sie erst in Baracken leben müssen, eng zusammengepfercht, manche auch in Wohnungen, aber immer waren viele in einem Zimmer, wo grade Platz gewesen ist.«

»Später ist besser geworde«, sagt der Wolgadeutsche. »Und ich muß sage, ich hab nich zu beschwere über Stalin. Nein, wirklich! Glauben Sie nur! Weil . . . bei dem Vater durften wir pflanze, wo wir haben pflanze wollen. Wir sind einfach losgegange und haben ein Stück Land umgraben und angepflanzt . . . fertig! Aber dann is Chruschtschow drangekommen, und bei dem neuen Vater hat das alles aufgehört. Nix eigenes durften wir mehr tun. Kein Land umgrabe. Kein Gemüse pflanze. Nix. Der spinnt doch im Kopp, der neue Vater! Doch was die Preise ausmacht, da hat er auch so getan wie Stalin: Hat Geld zugegebe, damit das Brot nicht hat teurer werden müsse.«

Der Bub schiebt ein Radieschen durch das Salz und beißt ein Stück von der dicken roten Kugel ab. Dann verzieht er das Gesicht. »Uuuh . . . scharf!«

»Bub«, sagt der Mann. »Hol Wodka.«

»Schon wieder?«

»Mach los, Bub. Hol das Fläschchen.«

Als der Bub zurückkommt, zieht er den Korken mit den Zähnen heraus und hält mir die Flasche hin.

»Kräftig. Mußt kräftige Schluck nehmen«, sagt der Vater und sieht mir beim Trinken zu.

»Der ist wirklich gut«, sage ich. »Und schmeckt nach Zitrone.«

»Ja. Der Bruder macht Zitrone rein, und ist auch selbstgebrannt, daheim beim Bruder, gute Stunde fort von der Stadt . . . von Irkutsk.« Er nimmt auch einen kräftigen Schluck und gleich danach noch einen, dann sieht er aus dem Fenster. »74 bin ich davongemacht. Aber nich getürmt. Mußt nich denke. Ganz normal davongemacht. Die andern nich. Sind dagebliebe. Auch mein Alter. Der spricht nie ein russisches Wort. Kann nur Deutsch. Aber is dagebliebe. Weil . . . geht ihm ja gut in Sibirien. Kriegt ganz scheen Rente. Außerdem, mußt denke, meine Brüder sind ja da. Und meine Schwestern.« Er hält drei Finger hoch. »Drei Schwestern. Und dann noch die Männer von meine Schwestern.«

»Das ist sicher nicht leicht gewesen«, sage ich, »die Genehmigung zu bekommen für die Ausreise. Das hat sicher viel Geduld gekostet.«

»Nein. Damals nich. Weil die Regierung dafür gesorgt hat, die deutsche Federale, und da konnte wir fortmachen. Viele sind damals fortgemacht. Der Direktor von der Ziegelei, wo ich hab gewerkt früher, der sagt, daß zu viele sind fortgemacht damals. Weil, wir Deutsche sind gute Arbeiter gewese. Aber der Russ, das is'n fauler Kopp, schon morgens früh einen großen Schluck. Immer große Schlucke. Un arbeiten garnet gern. Nee, garnet. Der Ziegelei-Direktor sagt, von drei Ziegeleien hat schon zwei schließe müsse, weil net genug g'arbeitet wird.«

»Und wie ist es in Deutschland gewesen? Am Anfang? Schwer?«

»Ja. Wegen der Sprach. Sonst net. Kein Stück schwer. Aber ich bin net in'd Schule gangen, nee, lieber gleich auf Arbeit. Erst im Bergwerk. In Bottrop. Un denn in einer Textilfabrik. In Rittfeld, das is an der holländische Grenz. Ja, und da haben die Arbeiter mir Deutsch gelernt. Ja. Ist alles gut, jetzt. Hab mein eigenes Häuschen, gute Frau, zwei Buben . . . Einen Garten, so an die tausend Meter, Blumen, Gemüse . . . Ich mach viel Überstunde. Aber nich für Geld. Neee . . . Nimmt ja nur die Steuer weg. Un der Fabrikbesitzer hat auch nix von. Also mach ich Überstunde und nehm Urlaub. 100 Überstund'n, un dafür 100 Stund'n Urlaub. Un da geh ich denn zum Bauern: Hast Arbeit? Ich mach alles, un er gibt mir zehn Mark inner Stunde. Un nix Steuer, nee, Senkblei! So: von oben rin inne Tasche . . . Un Maul halte. Das is gut.«

Er sieht nachdenklich aus dem Fenster. Dann steckt er sich ein Radieschen in den Mund und zermahlt es langsam zwischen seinen Zähnen.

»Wenn ich zu meine Leut komm, hab ich immer was in mein Koffer drin. Mal nen Transistorradio. Un schöne Kleidchen. Auch schon mal Jeans. Für die Buben. Ich zahl 60 Mark für Jeans. Höchstens 80. Un hier muß ich nochmal 50 Rubel zahlen. Einfuhrsteuer! Die spinn ja im Kopp!«

»Und Ihre Familie, die lebt auf dem Land?«

»Manche auf'n Land, un die annern inne Stadt. Irkutsk. Ist schon ganz schönes Leben in Irkutsk, muß man sage, haben bequem, aber is nix da zu kauen! Sehen Sie mal, gibt schon lang keine Kartoffeln mehr in Irkutsk, un die Tomaten sin verschrumpelt. Schweinkram, so was! Aber meine Leut, die was auf'm Lande lebe, die sin da besser dran. Der Bruder, sehn Sie . . . Geht einfach los, und find schöns Fleckchen Land un pflanzt an.«

Er greift nach meinem Arm und zieht mich in sein Abteil. »Da, Kumpel«, sagt er. »Sieh mal her . . .« Seine dicken Finger lassen die Schlösser an der Reisetasche aufspringen. »Brot. Selbstgebacken. Käse, Wurst, Tomaten. Zwiebeln. Knoblauch. Wodka.« Er lacht. Das Lachen kommt von ganz tief innen aus dem Mann. »So ein Russ . . .«, sagt er, »kann schon ganz schön lebe, so ein Russ.«

TAG SECHS IM ZUG —— 13. JULI. MITTWOCH

Der Zug rollt jetzt sehr langsam. Am Morgen regnet es. Bei den Dörfern stirbt die Taiga. Menschen haben sich mit ihren Maschinen in den Wald hineingewühlt. Der Boden auf den Äckern ist dunkelbraun und schwer. Auf den Feldern bei den Kolchosen wächst Gemüse. Oder Zuckerrüben. Die Bahnhöfe sehen aus, als würden sie nicht mehr gebraucht. Schrott liegt überall herum. Neue Achsen lagern in einem Bach. Postsäcke sind auf einem Stapel Schienen abgestellt. Gras wächst über wahllos aufgetürmte Räder, die schon lange rostig sind. Zäune sind irgendwann einmal begonnen worden. Schön. Lang. Weiß gestrichen. Dann, unversehens, enden sie im Nichts. Möglich, daß einer, der den Zaun hat bauen wollen, mittendrin gestorben ist. Möglich aber auch, daß er sich gesagt hat: Eigentlich ein rechter Blödsinn so ein Zaun. Was soll ich bloß mit einem Zaun, wo mir das Land ja nicht gehört . . .

Ich stehe auf dem Gang und denke, daß dieses Fenster hier den Rahmen macht für schöne Bilder. Die Bilder springen unversehens in den Rahmen, und dann sind sie auch wieder ebenso schnell daraus verschwunden, aber es gibt welche, die ich nicht vergessen werde.

Hinter einem Dorf sitzen zwei alte Leute am Bahndamm. Der Mann hält den Regenschirm. Die Frau hat eine Flasche an den Mund gesetzt.

»Da hast«, sagt der Wolgadeutsche. »Noch früher Morgen. Aber nehme schon ein Schluck.«

Beim nächsten Dorf sagt er: »Kannst gleich sehn, ob einer schluckt. Wenn schluckt, macht nix am Haus. Soll seine Isba ruhig umfallen wie die Zäune da . . . Hauptsache, er hat Fläschchen und schluckt. Aber kannst sehe ein Haus, was hat Fensterläden schön bunt gestrichen, un Zaun steht grade . . . Kannst gleich sehe, daß er nich schluckt.«

Birkengruppen springen in das Fenster. Und flache Wiesen, die erst ganz weit hinten an Wälder stoßen. Kleine Quadrate sind in die Wiesen hineingepflügt, und in den Quadraten wachsen Kartoffeln.

»Privat gehörig«, sagt der Mann, dessen Namen ich nicht weiß. »Übrigens, der neue Vater ist ziemlich was geschätzt beim Volk. O ja! Jurij Andropow. Weil sagt, alle solle nur getrost für sich selbst sorgen. So hat gesagt. Un solle auch Pferde habe. Un so kannst jetzt auch sehe, ab und zu mal, da draußen, gibts schönes Pferd. Un Panjewagen. Die Leute pflügen, un jetzt haben alles, Kartoffeln, Gemüse, Gurken. Un wenn die Leute mehr habe als genug, dann mache sie rein in die Stadt auf'n Markt und verkaufe. Is gestattet, kannst glaube, weil der neue Vater hats erlaubt.«

»Manche Sachen sind für mich nur schwer begreiflich«, sage ich.

»Wirklich wahr? Warum aber wohl?«

»Zum Beispiel dieser Andropow. Er hat die Geheimpolizei unter sich gehabt.«

»Ja, richtig so. Ja, und?«

»Diese politische Polizei . . . Jagt die denn den Leuten keine Schrecken ein?«

»Iwo . . . Kleine Leut kümmert sich um nichts . . . Sie sagen: ›Wenn hast Angst vor böse Wolf, gehst nich durch dunkle Wald.‹« Er hebt die Schultern und lacht. »Verstehst? Is so. Genauso. Un muß man sage, die Leut fühle sich wohl, weil gibts Arbeit überall, un wer geschickt anfängt un hat was zum Tauschen, der hat auch immer was zu kauen auf'm Tisch.«

Eine Weile denkt er nach. Dann sagt er: »Is aber auch so, daß mein Bub sich wohlfühlt in Sibirien. Weil, wenns fertig sind mit Arbeit, komme alle daher, der Bruder un auch die Schwestern, verstehst? Sie komme zum Vater, weil sie wolle den Buben sehn, un mich, weil ich ja der Onkel zu denen bin. Un denn . . . Alle hocken beisamm, schlucken, lachen, singen . . . Die anderen Kinder auch, die von meine Schwestern, un das gefällt dem Buben. Weil . . . Zu Haus in Deutschland . . . da hat der eine für den andern ja doch nie Zeit . . .«

NACHMITTAGS

Auf der Gegenstrecke poltert alle drei Minuten ein Zug an uns vorbei. In den meisten Fällen sind es Güterzüge oder Ölcontainer. Der Gegenzug von ROSSIJA EINS kommt uns nur einmal jeden Tag entgegen. Die Güterzüge sind meist mit militärischen Sachen beladen, mit Panzern oder Kanonen und schweren Lkw's, aber oft haben sie auch Container geladen, mit den Namen amerikanischer Firmen an den Seiten.

Zwischen Irkutsk und Nowosibirsk hält der BAIKAL zwanzigmal, aber meist nur kurz, so zwei oder drei Minuten. Wenn mal ein größerer Bahnhof kommt, dann bleibt er so an die fünfzehn Minuten stehen, und wenn wir dann an der ganzen Länge des Zuges entlangrennen und unsere Freiübungen machen, weil wir in der Enge des Abteils ganz steif geworden sind, sehen uns die Russen nach und lachen.

Auf jedem großen Bahnhof schleppen Frauen dicke Wasserschläuche bis her zu unserem Waggon. Die Frauen sehen von weitem wie dicke schwarze Käfer aus, weil sie so klein sind und in diesen unförmigen schwarzen Anzügen stecken. Die Gleise sind mit einer dicken Schicht Rohöl überzogen. Möglich, daß die Tankwagen undicht sind, und wenn so eine Frau den Einfüllstutzen am Schlafwagen aufschrauben muß, läßt sie den Schlauch in das schwarze Öl fallen, und Luv steht dabei und sagt: »Jetzt versteh ich allerdings, warum du willst, daß ich mir die Zähne mit deinem Whisky putze.«

NACHTSCHLAFENDER MORGEN

Unser Wecker klingelt schon um drei. Der heiße Tee vom Samowar tut gut. Wir prosten uns im Spiegelbild des Fensters zu. Draußen ist noch stockfinstere Nacht. Auf dem Gang bleibt alles still. Luv geht nach vorn zu der Kabine, in der die Matrioschka schläft. »Komm mal hämmern«, sagt sie. »Mein Klopfen hört da drin wohl keiner.« Ich hämmere ein paarmal mit der Faust gegen die Tür. Es dauert lange. Dann steckt ein Mädchen ihren Kopf heraus. Sie hat ein rundes Gesicht mit dicken Backen. Ihre Haare sind zerwühlt. In der Koje hinter ihr liegt ein Mann.

»Wir steigen gleich aus«, sagt Luv. »In Nowosibirsk. Um vier.«

Der Wolgadeutsche stellt sich gähnend auf den Gang. »Hat verschlafe, das Luder, was?«

»Ja.«

»Un Ihre Frau wartet jetzt wohl auf die Pässe, was? Un auf die Fahrkarten.«

»Ja«, sage ich. »Aber warum sind Sie denn an diesem nachtschlafenden Morgen schon auf den Beinen?«

»Der Onkel«, sagt er. »Hat nich komme könne nach Irkutsk. Weil, er hat den Passierschein nich bekomme. Weiß auch nich warum. Aber ohne Passierschein is es nich erlaubt, daß er so eine Fahrt macht.« Er fährt sich mit seinen dicken Fingern durch die Haare. »Wennst denkst ... Die Deutschen sin das stärkste Volk, hier inner Sowjetunion. Wennst die Köpfe zählst. An die zwei Millionen. Aber sie gebe uns kein eignen Staat. Den annern schon. Den Usbeken. Oder den Aserbaidschanern. Aber den Deutschen nich. Ja. Und nu hat der Onkel auch nich nach Irkutsk komme könne. Wers versteht, wird selig. Aber ich hab dem Onkel ein Telegramm geschickt, weil der Zug ja was stehe bleibt in Nowosibirsk, schon ganz schön ein paar Minuten, un jetzt kommt er ganz sicher da zum Bahnhof rauf, der Onkel.«

»Wissen Sie«, sage ich. »Schwer zu begreifen, so ein Leben ... Wo die Regierung die Leute nicht rausläßt aus dem Land. Und wo sie nicht zu den Verwandten fahren können, nicht mal im eigenen Land, weil sie einen Passierschein brauchen, und die Polizei gibt den Leuten keinen.«

»Ach was, da macht sich keiner hier nix draus. So kleine Leut, müssen Sie denke, die habe ja gar nich genügend auf der hohen Kante, um mal rauszufahre aus'm Land, nach Bottrop, oder so. Un dann is das mit dem Passierschein ja schon immer so gewese. Beim Großvater schon ... Unter die Zaren hat ja auch so'n Russ nich reise dürfe.« Er gähnt und hat großen Spaß an seinem Gähnen. »Wir habens gut«, sagt er dann. »Verwöhnt sin wir, un zwar ganz schön ... Un wir habe unsre Freiheit, un weil wir die habe, rede wir ja auch soviel davon ... Aber so'n Russ, dem kommt das gar nich rein in sein Kopp. Verstehst? Un deshalb spricht er auch kaum mal was darüber. Über seine Freiheit.«

NOWOSIBIRSK UND NOTIZEN ÜBER SOWJETISCHE ERZIEHUNG

Das Hotel heißt genauso wie die Stadt. Es ist ein altes Haus, und die Ingenieure von der Eisenbahn haben hier schon an der Bar gesessen, damals, als sie die Trasse durch die Taiga schlagen mußten.

»Das schönste an diesen Tagen auf der Eisenbahn ist die Freude auf eine Dusche in der nächsten Stadt«, sagt Luv.

Ich lege mich aufs Bett und blättere in meinen Notizen. Über Nowosibirsk hat es nicht viel festzuhalten gegeben. Die Stadt liegt am Ob, ist 1891 entstanden und gemeinsam mit der Transsibirischen Eisenbahn gewachsen. Zahl der Einwohner: Eine Million. Nowosibirsk ist Kulturzentrum mit einer großen Oper, einer Universität und einer ganzen Anzahl von Bibliotheken und Museen. Rot angestrichen ist die Eintragung: Außerhalb von Nowosibirsk liegt Akademgorodok, die Stadt der Wissenschaftler, ein Forschungszentrum mitten in Sibirien, und im wahrsten Sinne des Wortes aus dem Boden gestampft.

Dann kommt eine Notiz über das sowjetische Schulsystem: ›Seit der Oktoberrevolution ist das Schulwesen grundlegend umgestaltet worden. Analphabetentum, wie noch zu Zarenzeiten üblich, ist so gut wie beseitigt. Allgemeine Schulpflicht von 7 bis 14 Jahren. Die schulische Ausbildung ist kostenlos. Oberstes Ziel auf allen Lehranstalten ist die Erziehung einer ideologisch gleichgeschalteten Jugend, die sich der Partei und dem Staat unterordnet. Das Endziel der Schaffung eines wahren kommunistischen Staates und die weltweite Ausbreitung der kommunistischen Idee nehmen im Unterricht breiten Raum ein.

Aufbau der Schulen: Die Vorschulische Erziehung beginnt in Kindergärten mit dem dritten Lebensjahr. Die Pflichtschule ist die sogenannte Achtjahresschule und reicht vom 7. bis zum 14. Lebensjahr. Vergleichbar mit unseren Gymnasien ist die Zehnjahresschule, die vom 7. bis zum 16. Lebensjahr reicht und mit Hochschulreife abschließt. Weiterer Bildungsweg: Universitäten, Institute und Akademien, die ihre Studenten bereits mit 17 Jahren aufnehmen. Die Auswahlprüfungen sind allerdings sehr streng. Nur rund ein Fünftel aller Abiturienten kann sich qualifizieren. In den unteren Bereichen der schulischen Erziehung gibt es eine Vielzahl von Fachschulen, Berufsschulen und staatlich geförderten Abendschulen.

Die politische Schulung ist nicht allein den Lehrern überlassen, sondern erfolgt weitgehend im Komsomol (Abkürzung für KOMmunisticeskij SOjus MOLodezi = Kommunistischer Jugendverband). Mitgliederzahl: ca. 25 Millionen. Die Vorstufe dazu sind die Jungen Pioniere im Alter von 9 bis 14. Danach erfolgt Übertritt in die Gemeinschaft der Komsomolzen. Mitgliedschaft im Komsomol endet mit dem 26. Lebensjahr.‹

Das Restaurant ist ein schöner Raum mit weißen Tischtüchern und Fenstern, die fast bis auf den Boden reichen. An der Tür hängt ein Schild in drei Sprachen: Frühstück ab neun Uhr, aber als wir reinkommen, fragt die Kellnerin, zu welcher Gruppe wir gehören, und als wir sagen, zu keiner Gruppe, wir sind allein, da meint sie, ach so, Individualisten, na so was, das kommt ja selten vor, und Individualisten müssen eben warten.

»Weißt du, Luv«, sage ich. »Ich gebe auf. Es wird mir allmählich zu dumm mit dieser ewigen Beschwerde.«

»So eine Beschwerde . . .«, sagt sie. »Nur dieses Wort allein ... das klingt wie ›Anschwärzen‹, damals, in der Schule. Aber seit wir in diesem Land sind, weiß ich auch, daß schon in der Möglichkeit zu einer Beschwerde ein ziemlich großer Ansporn stecken kann. Wenn bei uns zu Haus ein Mädchen denkt, daß man ihr Unrecht tut, dann hat sie eine ganze Menge Möglichkeiten, ihr Recht zu suchen. Bei den Gewerkschaften. Vor Gericht. Bei ihrem Abgeordneten. Oder sie kann sich an die Presse wenden. Manch eine geht sogar zu der Fensehstation in ihrer Gegend, und du weißt ja, wie so was Wirkung zeigt! Und deshalb eben ist die Möglichkeit zu so einer Beschwerde schon ein enormer Ansporn. Nur mal so die Möglichkeit, verstehst du? Weil es doch ziemliche Folgen hat, wenn sich einer in aller Öffentlichkeit über jemanden beschwert.«

»Hier ist das anders«, sage ich. »Du kannst das nicht vergleichen. Wenn sich in der Sowjetunion einer beschweren will, dann hat er zwar auch einen Gewerkschaftler vor sich, oder einen Richter, oder den Direktor seiner Fabrik, und die hören sich seine Beschwerde auch ganz geduldig an, aber das ist auch alles, was die tun. Weil sie ja die Vertreter dieses allmächtigen Staates sind, und wer sich über diesen Staat beschwert, der rennt gegen eine Wand und holt sich eine blutige Nase, und im Lauf der Zeit beschwert sich keiner mehr. Jeder nimmt sein Schicksal schweigend hin, denn wie viele blutige Nasen holt sich so ein Mensch schon gern in seinem Leben?«

Wir schlendern durch die Gänge. Im ersten Stock ist ein Geschäft, das BERIOZKA heißt. Da gibt es alles, was du willst, und sogar steuerfrei. Als wir ankommen, machen sie gerade den Laden auf. Zuerst ist ein Offizier dran. Er zeigt auf das Regal mit den Flaschen und ist ziemlich unentschlossen, aber dann nimmt er eine Moet et Chandon. Zuerst sind sie sehr höflich zu dem Mann, weil er diese vielen Orden hat, aber als er ein paar Scheine auf den Tisch legt, sagen sie Njet, keine Rubel oder Zloty, kein Geld aus den sozialistischen Bruderländern, so was nehmen wir hier nicht, nur Dollar oder Pfund und Deutsche Mark.

Weiter hinten hängen Pelzmäntel an einer langen Stange. Der Offizier nimmt so einen Mantel heraus und sagt, wie ist das jetzt mit dem Silberfuchs hier? Das ist doch sibirischer Silberfuchs, aber vermutlich gibt's den auch nur gegen Dollars, und als sie sagen ja, nur gegen Währung aus dem Westen, legt er den Mantel auf das Gestell. Dann schüttelt er den Kopf und geht nach draußen.

Gegen halb elf geben sie uns einen Tisch im Restaurant und stellen schwarzes Brot und Marmelade vor uns hin. Dann fangen sie an, die anderen Tische für das Mittagessen herzurichten. Weiter hinten ist ein Podium mit großen Lautsprechern links und rechts. Ein paar junge Männer klettern auf das Podium und packen ihre Instrumente aus. Eine Weile reden sie darüber, welche Nummer sie probieren sollen. Dann stecken sie Zigaretten an, und der Drummer spielt sich warm. Der Junge ist nicht schlecht, aber dann legen die anderen auch los, und ihr Rock 'n Roll ist ziemlich lausig.

»Weil sie keine Übung haben«, ruft Luv über den Tisch. »Sicher liegt es daran. Aber ich hätte auch nie gedacht, daß die hier richtigen Rock versuchen.«

»Das hat es vor ein paar Jahren auch noch nicht gegeben . . .« brülle ich zurück. »Auch so eine Sache, die verboten war.«

»Warum?«

»Hat als verwerflich gegolten. Oder krank, verstehst du?«

»Nein.«

»Dekadent.«

»Vivre la decadence!« lacht Luv.

»Ja«, brülle ich. »Und am liebsten ziemlich lange.«

Nach einer Weile lehnt sich ein junger Mann über unseren Tisch. »Ich heiße Semjon . . .«

»Lauter bitte! Ich kann Sie nicht verstehen!«

»Semjon! Ihr Fremdenführer! Draußen ist ein herrlicher Sommertag! Wie kommt es nur, daß Sie um diese Zeit noch frühstücken?«

»Das ist 'ne interessante Frage!« brüllt Luv.

Semjon hat Blue Jeans an und so ein gestreiftes Hemd, wie sie es in Kalifornien tragen, und als er vor uns durch die Halle geht, sieht er wie ein Junge aus dem Westen aus. An seinem Handgelenk baumelt ein Ledertäschchen. Sein Englisch ist ausgezeichnet. Du könntest wetten, er ist in England auf die Schule gegangen.

»Oh, Rock and Roll«, sagt er, »wenn Sie wüßten, wie sehr ich das liebe! In meinem Haus habe ich eine ganze Plattensammlung . . . Pink Floyd . . . Jim Morrison . . . Jethro Tull . . . Sie sind wirklich wunderbar. Finden Sie nicht auch?«

»Jethro Tull ist gut«, sagt Luv, »ein wirklich guter Flötist, aber Jim Morrison ist tot. Wußten Sie das nicht? Noch ganz jung. Kokain, glaube ich. Aber . . . das ist richtig psychodelischer Rock . . . kann man denn hier so was in den Geschäften kaufen?«

»Ich habe Freunde, die regelmäßig ins Ausland reisen«, sagt Semjon. »Wissenschaftler, und denen ist bekannt, wie vernarrt ich bin in diesen Rock and Roll.«

Semjon hat einen freundlichen Fahrer mitgebracht, der ständig raucht. Bei den letzten Häusern von Nowosibirsk geraten wir in eine Kolonne von Militärlastwagen. »Es ist wohl besser, daß ich Ihnen schon mal etwas über Akademgorodok erzähle«, sagt Semjon. »Also: Der Bau einer ›Stadt der Wissenschaften‹ im Osten war der Wunschtraum einer Gruppe von Forschern unter der Leitung von Professor Lawrentiew, denen es darum ging, unsere gewaltigen Bodenschätze, die seit Jahrhunderten in Sibirien ungenutzt schlummern, nach neuesten Methoden zu fördern und ohne Zeitverlust an Ort und Stelle zu verarbeiten und in ihre endgültige Form umzuwandeln. Folgerichtig wurde dann im Jahr 1957 dieser sibirische Zweig unserer Akademie der Wissenschaften aufgrund einer Entscheidung des Zentralkomitees der Kommunistischen Partei der Sowjetunion und des Ministerrats der UdSSR gegründet. Inzwischen ist diesem wissenschaftlichen Institut eine eigene Universität angeschlossen, und es wurde sogar ein Internat für mathematisch außergewöhnlich begabte Schüler errichtet. Die Akademie wählt ständig ihren Nachwuchs bei schulischen Olympiaden aus, oder in den technologischen Klubs für Kinder.

Heute arbeiten in Akademgorodok 23000 Forscher, und zwar Männer ebenso wie Frauen. In den leitenden Stellungen befinden sich 15 ordentliche Mitglieder der Akademie der Wissenschaften, 32 korrespondierende Mitglieder, über 250 Doktores und rund 1900 Kandidaten.

Der Erfolg von Akademgorodok übersteigt alle Erwartungen. Jedes Jahr werden an die hundert neue Systeme entwickelt und der Industrie unseres Staates zugeführt. Große Fortschritte sind gemacht worden, vor allem auf den mathematischen und physikalischen Gebieten, aber auch beim Enträtseln des scheinbar Unerklärbaren in der Existenz aller lebenden Wesen und beim Studium der Kräfte, die eine Kontrolle ausüben in den Bereichen von Natur und menschlicher Gesellschaft. In jedem Jahr heißen wir an die 2000 ausländische Wissenschaftler in Akademgorodok willkommen, wobei ein Großteil aus kapitalistischen Ländern zu uns reist. Die führenden Köpfe unter den sowjetischen Wissenschaftlern, die nach Akademgorodok berufen wurden, sind international anerkannt und gehören als ordentliche Mitglieder den Akademien der Wissenschaften in vielen Ländern an, unter anderem auch den Akademien in Frankreich, Italien und den Vereinigten Staaten.« Semjon nickt. Und freut sich still über seine lange Rede.

Gegen Mittag kommen wir an einen Stausee. »Dies ist das erste Wasserkraftwerk mit so riesigen Ausmaßen, das je in Sibirien gebaut wurde«, sagt Semjon. »Wir nennen es das Nowosibirskaja, und wie Sie sehen, kommen die Menschen zum Baden an den weißen Strand. Und dort, hinter dem Wäldchen, beginnt die Stadt, aber die Wäldchen hören niemals auf, denn man hat die Bäume der Taiga stehen lassen und die Häuser in den Wald hineingebaut.«

Die Sonne steht hoch am Himmel, und rings um die Häuser gibt es keine Schatten mehr. Wenn du aus dem Grünen kommst und in so eine breite Straße einbiegst, sehen die Gebäude klein aus, wie Klötze aus einem Steinbaukasten, langgestreckte Klötze, aber wenn du näher kommst, wachsen die Häuser vor deinen Augen und werden so an die vier Stockwerke hoch. Zwischen den Gebäuden gibt es viel Abstand mit Grünflächen und Betonwegen von Haus zu Haus. In der Mittagshitze geht selten mal einer über diese Wege. Nur vor dem Hydrodynamischen Institut versammeln sich ein paar Leute. Ein junger Mann kommt eilig von einer Seitenstraße her und macht lange Umwege über den Betonweg, obgleich es durch die Grünanlage viel kürzer wäre, aber da steht das Gras gut einen Meter hoch.

»Sehen Sie da drüben . . .«, sagt Semjon. »Das Institut für Zellenlehre und Genetik . . . Fundamentale Probleme werden da drüben gelöst, soweit sie Erbmerkmale und Vererbung betreffen. Und zwar von einer einzelnen Erbeinheit bis zu ganzen Organismen. Oh, es ist faszinierend, denn in den Labors da drüben entstehen ganz neue Arten von Pflanzen! Und sogar Tiergattungen werden dort geschaffen, die es bisher nicht gab.« Er spitzt die Lippen und stößt einen pfeifenden Ton aus. »Oh, ich sage Ihnen, wer jetzt noch an Gott glaubt, der sollte einmal einen Blick in diese Laboratorien werfen . . .«

»Gute Idee«, sagt Luv. »Lassen Sie uns mal hineingehen.«

»Leider . . .«, Semjon schüttelt den Kopf. »Leider geht das nicht.«

»Meine Frau glaubt noch an Gott, Semjon. Wir müssen das durch einen Besuch da drüben auf der Stelle ändern.«

»Sie sind ein Schlimmer«, sagt Semjon lächelnd. »Ein ganz Schlimmer! Ich werde mich vor Ihnen in acht nehmen müssen.«

»Nein«, sagt Luv. »Machen Sie sich da bloß keine falschen Gedanken.«

»Wie wär's mit der Universität«, sage ich. »Dürfen wir da mal rein?«

Semjon hebt die Hände mit Bedauern aus seinem Schoß. »Geschlossen. Wegen der Semesterferien.«

»Ja, wirklich schade. Also dann lassen Sie uns doch mal rüberfahren zum Institut für Chemische Kinetik und Verbrennung.«

»Oh, wie es Ihnen Freude macht, mich zu quälen . . .«

»Semjon, Hand aufs Herz . . . Soll das bedeuten, daß wir nirgendwo hier reingelassen werden?«

Der Junge hebt die Schultern. »So ist es. Leider.«

»Wollen Sie damit sagen, Sie haben uns nur hierhergebracht, damit wir uns den Putz angucken und wie der langsam von den Häusern bröckelt?«

»Sie sollten bedenken, daß ich die Verbote nicht erteilt habe«, Semjon lächelt wieder, »und wenn Sie wollen, können wir noch an den Villen der Professoren vorüberfahren . . . Sehen Sie? Da drüben in dem Wäldchen . . . hinter den hohen Zäunen . . .«

»Lassen Sie nur«, sagt Luv. »Es ist wohl besser, Sie bringen uns zum Hotel zurück.«

»Wollen Sie denn nicht wenigstens zu Mittag essen?« meint Semjon. »Machen Sie mir die Freude. Denn wenn wir nach Nowosibirsk zurückkommen, wird der Speisesaal bereits geschlossen sein.«

»Mir genügt ein Erdbeereis«, sagt Luv. »Da drüben steht eine Frau mit einer Karre und verkauft Erdbeereis.«

Wir setzen uns in den Rinnstein und schlecken das Eis, und dann sehe ich, daß es an der nächsten Ecke einen Supermarkt gibt, und daneben geht es eine Treppe nach unten zu den Toiletten. Ich gehe hinter den anderen Männern her. Von unten kommt ein widerlicher Gestank. Am Ende der Treppe ist ein großer Raum. In dem Raum ist es dunkel, und die Männer rempeln sich in der Dunkelheit an. Ich kann vier oder fünf Kabinen erkennen, aber es gibt keine Türen davor, und die Porzellanbecken sind aus der Wand gerissen und liegen zertrümmert herum. Eine eklige Brühe fließt zur Treppe hin. Ich bleibe auf der letzten Stufe stehen und sehe, wie die Männer durch die Dunkelheit waten. Sie steigen über die Exkremente hinweg und hocken sich auf den Fußboden, und wenn sie sich Zeit lassen beim Verrichten ihrer Notdurft, dann fluchen die anderen auf der Treppe und ziehen sie aus der Dunkelheit zu sich nach oben.

SEMJONS ZWEIFEL AM BEISPIEL VON LAWRENCE DURRELL

Als ich zu dem Karren mit dem Speiseeis zurückkomme, sagt Luv: »Das Haus da hinter uns . . . Das sieht wie 'ne Buchhandlung aus. Komm . . . wir suchen uns ein paar Bücher aus. Für die Reise.«

»O ja«, sagt Semjon. »Ich hätte selbst drauf kommen sollen! Diese Buchhandlung ist sehenswert. Die Wissenschaftler von Akademgorodok wählen dort die Bücher aus für ihre privaten Bibliotheken.«

Das Haus ist eine Rotunde. Das obere Stockwerk ist rundum eingeglast. Die Sonne brennt auf die bunten Bücherrücken. Vor ein paar Fenstern hängen Laken, aber das ist eine dürftige Sache, und die Hitze steht in dem Raum wie eine Wand. »Hier«, sagt Luv. »DAS TOTENHAUS, in englischer Übersetzung, aber in der UdSSR gedruckt. Irgendwann in diesen Tagen kommen wir in Omsk vorbei, und ist denn das Straflager, in dem Dostojewski war, nicht irgendwo bei Omsk gewesen?«

»Ja«, sage ich. »Nicht weit von Omsk. Er nennt das Gefängnis Ostrogg.«

»Was soll das heißen?«

»Weiß auch nicht. Bei Solschenizyn heißt es Gulag und bei Dostojewski Ostrogg. In beiden Fällen handelt es sich um das gleiche.«

Semjon sieht aus, als würde er viel drum geben, wenn ich die Rede auf etwas anderes bringen könnte.

»Wie steht es mit Ihnen und Dostojewski, Semjon? Ich wette, Sie mögen ihn nicht sonderlich.«

»Nein. Der Gute ist mir zu langatmig, und seine ständige Suche nach Gott geht mir auf die Nerven.«

»Da stehen Sie mit Ihrer Meinung nicht allein, mein Lieber«, sage ich. »Ihre Partei nimmt da den gleichen Standpunkt ein. Als wir das erstemal nach Moskau gekommen sind, haben sie meinen Freund Finch und mich in der Stadt herumgefahren und gesagt: dies ist der Puschkin-Platz, und da ist der Gorki-Park, und hier ist die Tolstoi-Sache-Soundso, und als ich gefragt habe, ob es denn nicht auch was gibt, das sie nach Dostojewski benannt haben, da wollten sie wissen, ob ich denn wirklich der Meinung bin, daß Dostojewski in die Reihe der ganz Großen gehört.«

Semjon wandert zum Fenster rüber. »Wie ist es nun mit Ihnen«, sagt er dann zu mir. »Wollen Sie kein Buch mitnehmen?«

»Nein, Semjon. Ich lese nicht.«

»Wie? Ja, ist denn so was möglich?«

»Ich komme im Moment nicht drauf, wer es gesagt hat ... Möglich, daß es Shaw gewesen ist, auf jeden Fall hat einer mal gesagt: ›Bücher liest man nicht, Bücher schreibt man.‹«

Der Junge macht die Augen zu. Es sieht aus, als hätte ich ihn hart getroffen.

»War nur ein Scherz«, sage ich. »Aber Sie brauchen nicht zu lachen.«

Luv kommt zu uns rüber und hat zwei Bücher in den Händen. »Sieh mal, sogar Durrell kannst du hier kaufen. Das ganze Alexandria-Quartett. Und noch dazu in zwei verschiedenen Ausgaben. Einmal aus New York importiert, als Taschenbuch, für stolze acht Rubel . . . Und dann gibt's noch JUSTINE in Leinen gebunden, und da steht drin ›Printed in the USSR‹, und deshalb geben sie's billig weg, für einen Rubel achtzig.«

»Durrell?« sagt Semjon. »Wer ist das?«

»Lawrence Durrell«, sagt sie. »Ein englischer Dichter. Ich werde Ihnen JUSTINE schenken.«

»O nein, bitte . . . Keine Geschenke . . .«

»Doch. JUSTINE. Bezaubernd dekadent.« Sie lacht ihn an. »Damit Sie an uns denken.«

»Ist gut, Luv«, sage ich. »Welche Ausgabe sollen wir ihm geben?«

»Laß ihn selber wählen.« Sie hält ihm beide Bücher hin.

»Das Taschenbuch aus New York«, sagt der Junge.

»Und warum, Semjon?«

»Bei der russischen Ausgabe . . .«, sagt er, ». . . kann sein, daß da nicht genau derselbe Text drinsteht . . .«

FRAGEN UND ANTWORTEN

Als wir mit dem Betrachten der Buchhandlung fertig sind, kommen wir an einer Sparkasse vorbei.

»Das überrascht mich«, sagt Luv. »In einem Land, wo

privates Eigentum verpönt wird, ist eine Sparkasse eigentlich ein Widerspruch.«

»Oh, Sie irren sich!« ruft Semjon. »Wir kennen den Begriff des Eigentums sehr wohl! In der UdSSR gibt es zwei Arten davon: Einerseits kennen wir das Eigentum an Produktionsmitteln, das von den Kolletiven verwaltet wird oder vom Staat, und andererseits gibt es das Eigentum an Konsumgütern, und das ist eine ganz persönliche Angelegenheit.«

»Semjon, welche Konsumgüter gelten als persönliches Eigentum?«

»Nun, Geschirr, Möbel, sogar ein Auto, wenn man das Glück hat, eines bezahlen zu können. Was sonst noch? Ach ja: ein Sparkonto oder eine Datscha und auch Staatspapiere. Sehen Sie, so ein Sparkonto bringt immerhin 5% Zinsen. Vielleicht auch 6%. Da ich es selbst noch zu keinem Sparkonto gebracht habe, bin ich darüber nicht so recht informiert. Aber mein Vater hatte etwas Geld gespart, und dann hat die Regierung Staatsanleihen ausgegeben, und mein Vater hat da investiert. Das hat schön Zinsen gebracht, und jetzt verwaltet meine Mutter diese Staatsanleihe, denn mein Vater ist gestorben, als ich noch ein Knabe war. Er hatte einen Unfall, und danach ist er gestorben.«

»Also ist der Staat hier auch noch sein eigener Bankier . . . Was glauben Sie, fängt der Staat mit den Spareinlagen seiner Bürger an?«

»Öffentliche Projekte werden damit finanziert. Kindergärten, Schwimmbäder und Grünanlagen in den großen Städten.«

»Und wie ist das . . . Als Ihr Vater starb, hat Ihre Mutter da das ganze Erbe zugesprochen bekommen?«

»Aber ja! Warum . . . Ich verstehe Ihre Frage nicht.«

»Demnach gibt es keine Erbschaftssteuer?«

»Aber nein . . . Wenn ein Vater stirbt, dann ist das schlimm genug. Da kann man für das, was er seiner Familie hinterläßt, nicht auch noch eine Steuer nehmen!«

Als wir losgehen und das Auto suchen, sagt Semjon: »So eine Bank erfüllt auch noch andere Aufgaben, beispielsweise beim Aufbau von Fabriken, denn wenn so eine neue Anlage gebaut werden soll, dann muß ja irgendeiner die Baukosten vorstrecken, und das besorgt dann eben die Bank.«

»Sie meinen, so eine Sparkasse da gibt den nötigen Kredit?«

»Aber ja. Wer denn sonst?«

»Na . . . Möglicherweise der Staat.«

»Aber der Staat ist doch die Bank . . .«, sagt Semjon und grinst.

»Oder umgekehrt«, meint Luv.

Der Junge schlägt sich mit der flachen Hand vor die Stirn. »Ja, richtig. Wie dumm von mir. Das ist natürlich richtig.«

»Aber Semjon . . . Wie ist das eigentlich . . . Wie geht das zu, beim Aufbau eines sowjetischen Betriebes?«

»Nun, nehmen wir mal ein praktisches Beispiel . . . In einem unserer Winter fehlt es plötzlich an warmen Handschuhen, und der örtliche Sowjet stellt fest, daß es an den Transportschwierigkeiten liegt, denn die nächste Handschuhfabrik befindet sich in, sagen wir einmal, Swerdlowsk. Also wird beschlossen, eine eigene Handschuhfabrik hinzustellen, und folgerichtig wird als nächstes ein Plan eingereicht.«

»Wo?«

»In Moskau. Und da prüft man dann die Notwendigkeit für einen solchen Betrieb. Zum Beispiel: Werden Handschuhe gebraucht? Wenn ja, wie viele müssen hergestellt werden pro Woche? Wo kommt das Rohmaterial her? Wie kann die Wirtschaftlichkeit betrachtet werden? Nun, wenn das alles errechnet ist, und das Komitee beurteilt den Plan positiv, dann wird die Genehmigung erteilt, und das Komitee legt die Anzahl der Handschuhe fest, die hergestellt werden müssen, jede Woche, jeden Monat, jedes Jahr, und das, sehen Sie, das nennen wir dann: die Norm.«

»Verstehe. Und weiter?«

»Dann, wie gesagt, leiht die Bank das Geld her und die Produktionsstätte wird erbaut, und wenn dann im Lauf der Zeit das Unternehmen in den Gewinn kommt, beginnt man mit der Rückzahlung des Kredites, stufenweise natürlich, das ist ja klar, denn die Arbeiter sollen doch von dem Gewinn auch etwas abbekommen, und die Leitung des Werkes natürlich auch. So eine Gewinnbeteiligung gibt es dann in Form von höheren Löhnen, oder es wird an besonders verdiente Leute ein Bonus vergeben, und wenn die Gewinne ganz besonders hoch sind, baut die Fabrik ein Ferienheim und schickt die Arbeiter kostenlos dorthin.«

»Und das mit der zentralen Planstelle«, sage ich, »weit von hier, in Moskau . . . Finden Sie das gut?«

»O ja«, sagt Semjon. »Unter der Aufsicht der obersten Führung. Das ist die beste Lösung.«

»Wie aber . . .«, sagt Luv, »wie aber, wenn die Fabrik Verluste macht?«

»Dann . . .« Der Junge hebt die Schultern hoch und lacht. »Dann werden die Löhne gekürzt.«

»Nur bei der Leitung? Oder bei den Arbeitern auch?«

»Leider . . . Weil's ja nicht anders geht . . . Bei den kleinen Leuten auch.«

Es ist gar nicht so leicht, das Auto zu finden, weil es ein hellgrüner Wolga ist, und auf den Parkplätzen scheint es außer hellgrünen Wolgas kaum mal etwas anderes zu geben. Als wir wieder im Auto sitzen, sagt Semjon: »Ich hätte den ganzen Tag hier bleiben können. Oh, ich finde dieses Akademgorodok wunderbar!«

»Sie sind noch sehr jung«, sagt Luv. »Macht es Ihnen etwas aus, uns zu verraten, wie jung Sie noch sind?«

»Nein, es macht mir nicht das geringste aus: Fünfundzwanzig.«

»In dem Alter sind Sie ja sicher noch im Komsomol.«

»Oh, ja«, meint Semjon, und sein Gesicht wird dabei ganz hell. »Aber nur noch ein Jahr. Leider.«

Nach einer Weile sagt er: »Wir haben uns freiwillig gemeldet, die Komsomolzen von Nowosibirsk, und zwar helfen wir mit beim Verlegen der großen Gasleitung durch die Taiga. Oh, es wird ganz wunderbar! Von diesem Jahrhundertprojekt haben Sie ganz sicher schon gehört.«

»Doch«, sagt Luv. »Die Sache hat ja viel Aufsehen erregt. Weil wir doch die Maschinen nicht geschickt haben, die Sie zum Verlegen der Röhren so dringend brauchen.«

»Ja«, meint Semjon. »Das war bedauerlich.«

»Aber ich hätte Sie gern noch mehr gefragt«, sagt Luv.

»Bitte«, meint der Junge. »Fragen Sie nur.«

»Wie steht es mit der Umweltverschmutzung? Über die Gewässer können wir nicht viel sagen, aber jedesmal, wenn wir an einer Fabrik vorbeikommen, dann werden da unglaublich schwarze Wolken in den Himmel gepustet.«

»Das wundert mich aber«, sagt Semjon, »denn wir haben sehr strenge Gesetze gegen Umweltverschmutzer, und überall in der UdSSR gibt es Komitees, die sich um die Einhaltung dieser Gesetze kümmern, o ja! Und wenn sich eine Produktionsstätte nicht an die Gesetze hält, dann hagelt es ganz schön harte Strafen, und zwar für die Leitung ebenso wie für den Betrieb.«

»Was für Strafen, Semjon?«

»Geldstrafen. Und das kann schmerzlich werden, denn somit verringert sich ja der Gewinn.«

»Schon. Was aber, wenn der Betrieb Verlust macht? Wer trägt dann die Kosten für die Einrichtungen zur Verhütung von Verschmutzung?«

Semjon denkt eine Weile nach. »Das allerdings«, sagt er dann, »das weiß ich nicht.« Der Gedanke, daß er etwas nicht weiß, scheint ihm Sorgen zu bereiten, jedenfalls reckt er sich auf in seinem Sitz, und sein Rücken nimmt eine ganz steife Haltung an. »Wenn es Ihnen nichts ausmacht ...«, sagt er nach einer Weile. »Diese Art von Einleitung gefällt mir, besonders, wie Ihre Frau das sagt. Ich werde diese Phrase in meinen Sprachgebrauch aufnehmen ... Also, wenn es Ihnen nichts ausmacht, dann möchte ich Ihnen sagen dürfen, wie dankenswert es ist, daß Sie die Rede nicht auf Themen gebracht haben, die tief in unserem Herzen sitzen und die ein verzerrtes Bild ergeben, wenn man sie mit den Augen des Westens betrachtet.«

»Zum Beispiel?«

»Afghanistan. Oder Budapest und Prag. Gerade gestern wieder ...« Er denkt nach, und ich finde, daß seine Stirn hitzig wirkt. »Gestern hatte ich eine Reisegruppe zu führen. Alles Franzosen, und alles Mitglieder der KPF ...«

»Was ist das?« sagt Luv. »Solche Abkürzungen müssen Sie mir bitte erklären.«

»Alles Mitglieder der Kommunistischen Partei in Frankreich«, erklärt Semjon. »Es war schlimm! Kaum, daß sie im Autobus saßen, da prasselten die Fragen schon auf mich ein: Afghanistan? Afghanistan? Afghanistan? Und, wissen Sie, diese Gespräche führen ja zu nichts, denn ich weiß, daß unsere Anwesenheit in Afghanistan eine Frage der nationalen Sicherheit ist, aber wenn ich Ihnen das erkläre, dann bringen Sie die Argumente des Westens vor, und als Nächstes sage ich möglicherweise zu Ihnen ›Vietnam‹, und dann fliegen nur noch die Anschuldigungen zwischen uns hin und her, so wie gestern mit den Franzosen, und im Grunde gibt es keinen Weg der Verständigung zwischen uns.«

»Da können Sie recht haben«, sagt Luv.

»Nennen Sie mir bitte einen Grund, warum wir nicht in Frieden nebeneinander leben können«, sagt der junge Mann leise.

»Mein Gott ist der einzige Gott . . .«, sagt Luv.

Semjon dreht sich fragend nach ihr um.

»Der Satz hat viel Unheil angerichtet«, sagt Luv. »In der ganzen Weltgeschichte.«

»Ich glaube, ich verstehe Sie nicht«, meint Semjon.

»Wir sollten endlich aufhören, den anderen Ländern einen Kommunismus aufzuzwingen, den sie vielleicht überhaupt nicht haben wollen . . . Oder eine parlamentarische Demokratie, die so ein Volk manchmal gar nicht brauchen kann.«

Semjon legt den Kopf zurück und sieht aus dem Fenster. »Ich weiß nicht, ob ich dazu jetzt schon eine Meinung habe. Aber ich werde mich damit beschäftigen.«

Eine Weile fahren wir, ohne daß einer dem anderen etwas mitzuteilen hat. »Die Menschen hier haben große Angst vor einem Atomkrieg«, meint der Junge dann.

»Die Menschen im Westen auch«, sagt Luv.

»Wie ist das mit Ihnen, wenn ich mir auch einmal eine Frage erlauben darf?« Semjon dreht sich zu mir um. »In der Bundesrepublik haben Sie jetzt eine ziemlich starke Friedensbewegung. Man sagt, es werden Menschenketten gebildet, und zwar von amerikanischen Raketenbasen bis hin zu den Rathäusern in den Städten . . . Würden Sie sich da mit hineinstellen, in eine solche Menschenkette? Aus Protest gegen einen Atomkrieg?«

»Sofort«, sage ich. »Allerdings, so wie das jetzt geht, hat die Sache einen Fehler. Die Menschenkette darf nicht bei irgendeinem Rathaus in Deutschland enden.«

»Sondern?«

»Auf dem Roten Platz. Ich würde was drum geben, wenn ich da der letzte Mann sein dürfte, verstehen Sie? Der Schlußmann in der Kette. Der seine Hand an die Kremlmauer legt. Tatsächlich, ich würde was drum geben.«

»Das, Sir, ist nun aber ungeheuerlich!« Seine Stimme ist scharf. Laut. Der milde junge Mann ist plötzlich wütend. »Woher nehmen Sie nur die Unterstellung, daß wir Ihr Land bedrohen?«

»Sie können das nehmen, wie Sie wollen«, sage ich, »aber in der DDR gibt es eine haarsträubende Anzahl von sowjetischen Raketenbasen, und nicht erst seit gestern, und in meinen Augen sind diese Dinger alles andere als ein Spaß.« Den Rest des Weges sagt Semjon nichts mehr.

»Wie ein Kind, das schmollt«, meint Luv. »Oder so, als wären wir jetzt tot für ihn.«

»Ja. Eher tot.« Ich sage mir, daß so was ja nicht neu ist. So ein Umschlagen der Stimmung hast du bei Russen oft erlebt. Wenn so ein Mann trinkt, wird das besonders schlimm. Da kann er von der schönsten Lebenslust in Zerstörungswut verfallen. Aber auch ohne Wodka dreht sich so ein Charakter manchmal um sich selbst, vor deinen Augen, und du suchst vergebens nach einem Grund dafür. Da kommt es vor, daß so ein Russe überschwenglich wird in seinem Drang nach Entfaltung, ohne Hemmung, ohne Grenzen, und die Gefühle fliegen in den größten Höhen, doch gleich danach stürzen sich die Wirbel der Angst auf ihn, die Ängste vor dem Leben in seinem Alltag, und da endet dann eben alles wiedermal in Depression. In der Literatur gibt's genügend Beispiele dafür. Nimm nur den Rudin von Turgenjew.

Zehn Minuten später fahren wir durch Nowosibirsk, und ich sehe mich nach einem Geschäft um. »Semjon«, sage ich. »Eine Sache müssen Sie noch für uns in Ordnung bringen. Wir brauchen was zu essen. Für den Zug.«

»In der Transsib gibt es einen Speisewagen.«

»Schon«, sagt Luv. »Aber was die an Bord haben, verkaufen sie auf den Stationen zu Schwarzmarktpreisen, und Sie brauchen deshalb nicht gleich wieder auf die Barrikaden zu gehen, denn das ist die reine Wahrheit.«

Semjon dreht sich nicht um. »Was brauchen Sie denn?«

»Wir möchten so wie Russen reisen, verstehen Sie, mit einem Pappkarton voller ganz normaler Köstlichkeiten.«

»Wurst und Butter sind rationiert. Käse ebenso. Dafür müßten Sie eine Karte haben. Aber wir werden Brot besorgen, Hühnchen und Eier.«

In dem Brotladen ist kaum was los, aber vor dem Supermarkt wartet eine Menschenschlange. Wir stellen uns ans Ende in den Rinnstein, und Luv flüstert in mein Ohr: »Aluzahn hat mir erzählt, daß eine Frau in der UdSSR im Durchschnitt zwei Stunden lang Schlange stehen muß an jedem Tag.« Der Laden ist nicht ganz so groß, aber sonst sieht er aus wie so ein Supermarkt in westlichen Ländern auch, wenn du mal davon absiehst, daß es keine Reklame gibt. Die Glasvitrinen sind leer, und als wir vorn an dem Verkaufstisch stehen, sagt Semjon, das ist Pech, aber wir sind zu spät gekommen, um diese Stunde haben die anderen schon das meiste weggekauft, und die Hühnchen sind leider roh, und die Eier auch.

Wir versuchen es noch in drei anderen Geschäften, aber wenn wir uns dann endlich bis zu dem Verkaufstisch durchgedrängelt haben, sagen die Verkäuferinnen, daß es nichts mehr gibt, höchstens noch Ananasmarmelade in Dosen und Mango aus Indien, aber sonst eben gar nichts mehr, und die Leute murren, aber keiner sagt ein lautes Wort.

Als wir vor dem Hotel stehen, kann ich sehen, daß dem Semjon die ganze Sache doch sehr peinlich ist, und ich sage ihm, er soll sich keine großen Sorgen machen, wir werden den Speisewagen in der Transsib schon irgendwie überstehen, und außerdem gibt es oben im BERIOZKA Kaviar, und davon nehmen wir was mit als eiserne Ration. Allerdings, diese kleinen Gläschen da sind unverschämt teuer, oder glaubt er, daß 25 Dollar für so ein Gläschen mit 56 Gramm nicht teuer zu nennen ist? Nein, sagt er, das ist ganz unmöglich, daß Kaviar zu solchen Preisen abgegeben wird, und ich sage, es liegt wohl an der Inflation, und da wird er wieder ganz verärgert.

»Was? Inflation? In der UdSSR gibt es keine Inflation!«

»Kann sein«, sage ich, »kann ja sein, daß es an den Iranern liegt. Seit der Revolution verkaufen die ja keinen Kaviar mehr. Jedenfalls nicht offiziell. Auch nicht an die Sowjetunion.«

»Sir«, sagt er, »da haben wir schon wieder einmal so eine Falschinformation! Denn die Sowjetunion hat noch niemals von den Iranern Kaviar gekauft.«

»Doch, Semjon, bisher war es so. Bisher haben die Iraner den besonders guten Kaviar auf ihrer Seite vom Kaspischen Meer gehabt, und die Sowjets haben ihn verpackt und exportiert, und manchmal haben sie auch den russischen Kaviar mit dem iranischen gemischt, und in beiden Fällen war das eine feine Sache, aber wenn Sie sagen, daß das niemals so gewesen ist, dann ist das natürlich auch niemals so gewesen.«

»Oh«, sagt er, »wenn Sie nur die Wahrheit erkennen wollten! Unser Kaviar ist so stabil wie unser Gold. Der Preis hat sich nie verändert. Nicht, so lange ich denken kann. Ein Kilo roter Kaviar kostet bei uns 24 Rubel. Seit Ewigkeiten, und der schwarze hat noch niemals mehr gekostet als 55.«

»Das Kilo?«

Er nickt. »Das Kilo.«

»Semjon . . . Wo?«

»Na, im Geschäft . . . Wo sonst?«

»Semjon«, sage ich, »bei 55 Rubel bleibt mir das Herz stehen, und deshalb rennen wir jetzt auch sofort dahin. Wo ist denn das Geschäft?«

Ich will los, aber er kommt nicht mit. Er steht steif wie ein Stock und hat den Kopf zur Seite weggedreht.

»Semjon«, sage ich. »Semjon . . . Das kann nicht sein . . .

Oder kann es sein, daß es in dem Geschäft gar keinen gibt?«

»Oh«, sagt er. »Oh, wie Sie mich quälen . . .«

»Das ist ja nun aber eine feine Sache, Semjon«, sage ich. »Auch wenn es Kaviar gar nicht zu kaufen gibt . . . Das ist eine richtig feine Sache, daß er nicht mehr als 55 Rubel kostet.«

Der Junge nimmt sein Ledertäschchen in beide Hände. Er wiegt den Oberkörper hin und her, hält das Ledertäschchen vor die Brust und lächelt.

»Sie sind ein netter Junge«, sagt Luv.

Das macht ihn verlegen. Er sagt: »Ja, danke, ja also . . . Ich wünsche Ihnen auch eine gute Reise.« Dann dreht er sich mit einer schnellen Bewegung um und geht über die Straße zum Hotel zurück.

Als der Zug anruckt, sehe ich auf die Uhr. Elf Uhr zehn. Auf die Minute pünktlich. Gleich hinter dem Bahnhof kommt eine lange Brücke. Der Ob ist ein sehr breiter Fluß. Ich lehne an der Wand im Gang und sehe auf die Schiffe, die unter der Brücke hindurch gegen den Strom ankämpfen. In einer Barkasse sitzt ein Mann und winkt. Ich winke zurück und mache ein Foto. Neben mir steht eine Frau. Sie sagt, daß ich das nicht hätte tun sollen, weil das Fotografieren von Brücken doch verboten ist, und ich gebe zu bedenken, daß ich vom Zug aus die Brücke doch gar nicht fotografieren kann, höchstens die Streben, aber die flitzen ja vorbei, Madame, verstehen Sie, und so ein Mann in einer Barkasse, wenn der so freundlich winkt, dann kann das Fotografieren doch kaum verboten sein. Doch, immerhin, sagt die Frau, immerhin ist das Fotografieren von Barkassen ebenso verboten, und sie weiß das ganz genau, denn ihr Mann ist bei der Polizei. Donnerwetter, sage ich, und wenn ich durch die Zähne pfeifen könnte, dann würde ich jetzt durch die Zähne pfeifen, aber in der Schule haben mich die anderen Jungs schon immer ausgelacht, weil ich beim besten Willen nicht durch die Zähne pfeifen kann, und außerdem halte ich jede Wette, daß Ihr Mann nicht nur so ein Polizist ist, der an der Straßenecke Ampeln schaltet . . . Allerdings, sagt sie, und Sie scheinen Menschenkenntnis zu haben, denn mein Mann ist General. Na sehen Sie, Madame, es hat Sie eben Ihre ganze Art verraten, und wie Sie mit der englischen Sprache umgehen können ... also wirklich ... so eine Dame paßt ja nun nicht in das Leben eines Ampelschalters!

Die Frau faltet ihre Hände über dem Bauch und lächelt. Ihr Gesicht ist rund, mit einem Doppelkinn. Das Haar hat sie straff nach hinten genommen. Ihr Haar ist schlohweiß, und sie trägt es hinten in einem Knoten zusammengesteckt.

»Man weiß nicht, was man dazu sagen soll«, meint die Frau, »zu dieser Hemmungslosigkeit, mit der ihr Amerikaner eine Dame behandelt ... und zu diesen Komplimenten, die so leicht dahingesprochen sind ... also wirklich, ihr Amerikaner müßt diese kleinen Frechheiten schon mit der Muttermilch eingesogen haben ...«

»Ich muß Sie enttäuschen, Madame«, sage ich, »aber Amerikaner bin ich nicht.«

»Nein? Tatsächlich nicht? Woher stammen Sie denn sonst?«

»Aus Deutschland.«

»Aus Deutschland ... Soll man es denn für möglich halten?«

Die Frau stützt sich gegen die Wand und lehnt ihren Kopf zurück und sieht mich von der Seite an.

»So, so, aus Deutschland ... Demokratisch?«

»Oh, ja, Madame. Demokratisch. Sogar sehr. Aber nicht diese demokratische Sache, an die Sie gerade denken.«

»Sondern?«

»Ich bin aus der Föderation, verstehen Sie? Aus der Bundesrepublik.«

Die Frau legt verschreckt beide Hände auf den Mund. Ihr Lächeln macht sich davon, und ich sage:

»Jetzt hat Ihr Lächeln sich davongemacht.«

»Aus der ›Federatiwnaja Respublika Germanija‹ . . .« sagt sie . . . »Ist das wirklich wahr?«

»Ja. Ist wahr. Warum?«

Die Frau schüttelt den Kopf: »Dabei sind Sie doch so ein netter Mensch . . .«

Eine Weile steht sie wie erstarrt. Und hört noch einmal ihren Worten zu. Dann dreht sie sich um und geht in ihr Abteil und rollt mit einer kräftigen Bewegung hinter sich die Tür ins Schloß.

SELBSTGESPRÄCH IM ZUG

Da stehst du nun im Gang an die Wand gelehnt, ganz genauso wie die anderen Männer. Sie stehen neben ihren Türen und starren durch den Schmutz des Fensters in das Grün hinaus, und du könntest denken, daß es ganz da hinten am Horizont etwas Wichtiges zu sehen gibt, aber es ist der gleiche Wald wie jeden Tag auf dieser Fahrt und die gleichen Wiesen, und wenn so eine Birkengruppe in den Rahmen deines Fensters springt, dann hast du die auch schon mal gesehen.

Heute liegt so ein heller Dunst auf allen Wiesen, und die Sonne hat es schwer mit diesem Dunst. Sie wird ganz blaß, wie ein gebleichter großer Ball, und dann springt sie über die Spitzen aller Bäume weg oder manchmal auch ein Stück weiter unten durch den Wald.

Sieh der Sonne zu. Und gewöhn dich an die leeren Stunden. Zieh gemächlich mit der Sonne mit. Von Ost nach West. Durch ihren langen Tag. Und fühl die Zeit mal von der andern Seite an.

Der Zug heute heißt SIBERIA. Die Männer im Gang haben keine Schlafanzüge an. Sie tragen ihre besten Sachen. Die Haare sind mit Pomade festgelegt, und an den Jacken stecken Ordensspangen. Die Frauen dieser Männer kommen kaum mal auf den Gang hinaus. Sie haben ihre Seidenkleider ausgezogen und liegen auf den engen Betten und freuen sich an ihren Kindern.

52 Stunden noch bis Moskau.

Wenn du denkst, Sibirien ... Von der Bahn sieht alles friedvoll aus. Aber das ist so eine Sache, weil hier ja alles nahe beieinander liegt. Tundra und Taiga. Jack Londons Träume. Dostojewskis Ketten. Stille Dörfer. Lagerqual. Deutsche Kriegsgefangene. Weite Himmel. Solschenizyns Höllenkreise. Doch mit dieser Art Sibirien, sagt die Regierung, ist jetzt Schluß. Keiner soll mehr über seine Schulter rückwärts sehen, denn die Zukunft liegt in diesem wilden Land, und in Moskau sagen Sie: »Geht nach Osten, Leute, weil die Zukunft unseres Landes in Sibirien liegt!« Aber viele sind nicht gegangen. Eine Völkerwanderung ist daraus nicht geworden. Wenn du bedenkst, damals, in Amerika ... Einer hat gerufen: »Go West Young Man!« und alle sind sie aufgebrochen, mit ihren Planwagen, auf Mauleseln oder auf ihren Pferden, und ein Ereignis hat seinen Anfang genommen, von dem du getrost sagen kannst, daß es ein Ereignis von mystischen Ausmaßen gewesen ist. Doch das sind ja auch ganz andere Menschen gewesen damals, diese Iren und Deutschen und Schweden. Oder Engländer und Italiener. Wegen der Hungersnöte waren sie aus Europa geflohen. Und wegen der Verfolgungen in der alten Heimat. Ihre Brücken hatten sie schon lange hinter sich verbrannt, und da kam die Nachricht von den neuen Grenzen und dem weiten Westen, und vor der Küste des

Pazifik lag dieses Dorado, und die Verantwortlichen haben gesagt: Steck dein Land ab, bau dir eine Farm, grab nach Gold, und wenn du dabei reich wirst, gehört der ganze Reichtum dir. Das sind natürlich zwei ganz verschiedene Sachen, ob sie dir sagen: Geh in den Westen, werde reich und such dein Glück, oder ob sie sagen: Geht in den Wilden Osten, wühlt alle Schätze unter dem Dauerfrost hervor, damit er reicher werde, dieser Staat der Arbeiter und Bauern!

Du kannst ganz ruhig jede Wette halten, aber die meisten dieser Bodenschätze müssen wohl noch lange weiter schlummern unter diesem dicken Eis. Sieht ganz so aus, als würde die Sowjetunion noch nicht so bald das reichste Land der Welt. Den Traum müssen sie wohl noch eine ganze Weile weiter träumen. Und wenn sie dann mal aufwachen, wird vielleicht etwas ganz anderes möglich. Kann sein, daß sie sich dann sagen, daß es ohne die Leute aus dem Westen gar nicht geht, weil die nun mal die richtigen Maschinen haben, die zu so was nötig sind, und dann haben die noch was Wichtiges da drüben, Privatinitiative nämlich, Konkurrenzkampf, Freude am Gewinn, und wenn wir so was nicht bald von denen übernehmen, dann bleibt das ganze Gold Sibiriens, wo es ist.

Ja, so sieht das heute aus. Aber . . . das kann sich irgendwann mal ändern. Denk mal nach. Das kann sich ändern, wenn sie den Mut haben, es von innen heraus zu tun. Wenn sie sich verjüngen. Weil alles hier veraltet ist. Der ganze Apparat läuft ja noch immer wie vor sechzig Jahren, und die Bürokratie der Greise hält eifersüchtig an den alten Normen fest. Und nun denk mal, wieviel Widerspruch in dieser Art zu leben steckt: Auf der einen Seite hast du eine Supermacht mit allem, was dazugehört, Armee, nukleare Waffen, Wirtschaft, Raumfahrt . . . Aber auf der anderen Seite wird dieser Koloß von einer Macht verwaltet, die schon lange nicht mehr richtig lebt. Weil die Verantwortlichen sich fürs Stehenbleiben entschieden haben. In alten Prinzipien sind alte Geister erstarrt. Und deshalb machst du keinen Fehler, wenn du das System in diesem Land hier unbeweglich nennst. Nicht nur unbeweglich, sondern auch gelähmt.

So. Und nun? Wann, glaubst du, kommen die aus dieser Lähmung raus? Vermutlich nie. Und wenn, dann nur mit Opfern. Und zwar solchen, die ziemlich schmerzlich sind. Weil sie Dogmen zertrümmern müssen. Und weil dabei eine ganze Menge über Bord gehn wird von dem, was einmal gültig war. Sie werden sich dem Geist des kommenden Jahrhunderts gegenüber öffnen müssen. Und an dem Tag, wo so was zugelassen wird, sind auch die neuen Leute an der Spitze jünger. Im Oktober 1917 sind die nicht dabei gewesen. Und die Thesen jener wilden Jahre werden abgetan als Lesestoff von gestern.

Mit anderen Worten?

Mit anderen Worten: Was kommen muß, ist eine zweite Revolution.

Meinst du das im Ernst?

Weiß nicht. War nur mal so eine Idee von mir.

FOTOS UND FREUNDE FÜR EIN PAAR STUNDEN

Am späten Nachmittag lassen sie die Kinder auf den Gang hinaus. Sie rennen auf und ab und spielen Fangen. Ein kleines Mädchen versteckt sich hinter meinen Beinen. Es hat eine weiße Schleife oben auf dem Kopf. Luv kommt aus dem Abteil und klappt ihre Polaroid auseinander. Die Kleine sieht die Kamera und stellt sich neben mich. Sie kennt das mit dem Fotografieren schon und stellt sich so stocksteif hin, wie man das eben braucht. Dann macht die Kamera dieses klickende Geräusch, und ein Blitz geht los, und vorne kommt das wäßrig grüne Foto raus. Das sieht aus, als würde die Kamera uns die Zunge rausstrecken. Ich strecke der Kamera auch die Zunge raus, und das Mädchen lacht. Luv hockt sich zu der Kleinen auf den Boden und hält ihr das Foto hin. Zuerst läuft die wäßrige Farbe davon, wird braun, und dann taucht in der Mitte von diesem Braun ein weißer Punkt auf, und ich hauche auf das Bild, und da wird aus dem weißen Punkt eine dicke weiße Schleife, und unter dieser weißen Schleife malt sich ganz von selbst ein Gesicht in das Braun, kugelrund, und das Mädchen erkennt sich wieder. Sie greift nach dem Bild und rennt zu den anderen zurück. Im Laufen stößt sie helle kleine Schreie aus.

Die Männer hinten im Gang lassen das Bild von Hand zu Hand gehen. Eine ganze Weile stecken sie ihre Köpfe zusammen. Später kommt einer aus der Gruppe auf uns zu und sagt, daß er in der Schule Deutsch gelernt hat, nur leider nicht gut gelernt, aber er möchte das Foto gerne kaufen, und hier sind auch drei Rubel. Luv schiebt die Hand mit den Scheinen lachend beiseite und macht noch ein Foto von dem Mann mit seiner kleinen Tochter. Als das Foto aus der Kamera geschossen kommt, streckt das Mädchen zaghaft ihre Zunge raus, und die Männer kommen den Gang entlang und lachen. Der Vater hält den anderen das Foto hin: Seht nur . . . Ist dies nicht ein kleines Wunder, denn zuerst ist gar nichts da, aber wenn ich es so in der

Hand halte, wird ein Bild daraus! Dann sagen sie: Noch eines, bitte, und jeder nimmt ein Kind in den Arm. Weiter hinten stecken die Frauen ihre Köpfe aus den Türen, und dann streifen sie hastig ihre Kleider über und wollen auch mit auf die Fotos. Wenn der Blitz losgeht, stoßen sie erschreckte Schreie aus. Die Körper der Frauen sind behäbig, aber sie haben ein Lachen wie das Zwitschern kleiner Vögel. Die Matrioschka kommt zu uns rüber und will auch ihr Foto haben, und dann sagt sie zu Luv: Oh, unsere Männer, wissen Sie, diese Kerle sind aber auch zu gar nichts nütze, höchstens da oben im Weltall rumflitzen, ja, das können sie schon, aber so eine Fotokiste machen, so wie diese hier, damit man auch mal seine Freude hat an so einem kleinen Bildchen, nein, so was fällt diesen Kerlen niemals ein. . . .

Die anderen Frauen zwicken ihren Männern in die Bakken: Da hört ihr's mal wieder . . . Oh, wie sie doch recht hat, diese Veruschka . . . Ja, sie hat es gut gesagt! Dann stoßen sie wieder ihr jubelndes kleines Lachen aus und greifen nach unseren Händen. Kommen Sie nur . . . Zeit für die Vesper . . . Viel gibt's nicht anzubieten, aber wir haben Käse . . . Brot, und ein bißchen Speck . . .

Ja, sagt ein Mann. Und Wodka auch. Wenn du Brot hast, gibt's auch Wodka.

So ist's recht, du versoffenes Luder, sagt seine Frau. Wodka auch . . . Wenn du nur deinen Wodka hast! Und alle lachen. Dann sitzen wir auf den Betten und stippen die Tomaten in den Teller mit Salz, aber wir haben kaum mit der Mahlzeit begonnen, da steht ein Mann in der Tür. Es ist ein kräftiger Kerl mit breiten Schultern und einer ganzen Reihe von silbernen Sternen an seiner Uniform. Ich sage mir, daß es nicht weiter verwunderlich ist, wie schnell der Mann da in der Tür auftaucht. In einem anderen Land würdest du dich fragen, wie hat der bloß so schnell Wind bekommen, aber hier siehst du nur zu den Lautsprechern hin, weil ja da schon eine ganze Weile keine Musik mehr rausgekommen ist.

Der Mann, der am besten Deutsch sprechen kann, sagt, daß dieser Kerl da Ilja heißt, und er ist der Chef des Zuges, aber eigentlich ist er nur gekommen, weil er auch ein Foto will. Ilja setzt sich aufrecht hin: Ja, bitte! Als Luv ihn anvisiert und meint, jetzt wär ein Lächeln aber eigentlich ganz schön, da macht er die Lippen auseinander, und wir sehen seine Aluminiumzähne. Er hat eine ganze Menge davon, oben und unten, und Luv sagt: Weltrekord, das ist absoluter Weltrekord.

Dann lassen sie die Flasche kreisen. Der Chef des Zuges sagt, daß dies hier ganz besonders guter Wodka ist, sicher selbst gemacht, und fast so guten Wodka hat er auch in seiner Datscha.

Wo ist die Datscha, Ilja?

Draußen, vor der Stadt. Vor Nowosibirsk. Stück draußen am Fluß. Oh, wie ist es schade, daß ich die beiden Fremden hier noch nicht habe kennen können. Gestern sind sie ja noch in Nowosibirsk gewesen . . . Ich hätte sie auf meine Datscha eingeladen. Weil die beiden doch so gute Menschen sind . . .

Die Frau gegenüber macht verschmitzte Augen und nimmt ihm die Flasche weg: Wie ist es denn mit uns, sind wir nicht auch was wert? Da lachen sie alle, und Ilja holt sich mit einer schnellen Bewegung die Flasche zurück: Doch, ihr seid auch gute Menschen, und die Fremden hier sind meine Zeugen.

Nach Sonnenuntergang nehmen die Wälder eine blaue Farbe an. Kurz danach wird es dunkel, und auf diese Weise kommt endlich auch etwas kühle Luft in unser Abteil. Der Zug fährt jetzt sehr schnell, und in den Kurven rollen wir auf den Betten hin und her.

Luv hat den ganzen Tag im TOTENHAUS gelesen. »Sieh dir das mal an«, sagt sie. »Sieh einmal, mit welcher Liebe Dostojewski über die Sträflinge schreibt, und wenn die Sprache nicht die von damals wäre, könntest du meinen, ein Dichter von heute würde berichten, wie das so aussieht in einem Arbeitslager der Sowjets . . . Hier, Seite 505:

›Am Vorabend des letzten Tages ging ich in der Dämmerung zum letztenmal den Palisadenzaun entlang, ging am Zaun um den ganzen Ostrogg herum. Wieviel tausendmal war ich in all diesen Jahren an diesen Palisaden vorübergegangen! Hier hinter den Kasernen war ich im ersten Jahr meiner Verbannung ruhelos herumgewandert, einsam und wie zerschlagen. Ich weiß noch, wie ich damals gezählt hatte, wieviel tausend Tage mir hier bevorstanden. Gott, wie lange ist das doch her . . . In Gedanken verabschiedete ich mich auch von diesen geschwärzten Blockhäusern. Wie ungastlich waren sie mir damals erschienen, in der ersten Zeit. Auch sie sahen jetzt wohl älter aus als damals, doch ich gewahrte es nicht. Wieviel Jugend ist hier hinter diesen Wänden unnütz begraben, wieviel große Kraft verkam hier nutzlos! Man muß es doch einmal aussprechen: Dieses Volk war doch ein ungewöhnliches Volk! Vielleicht ist gerade dieses Volk der allerbegabteste, allerstärkste Teil unseres ganzen russischen Volkes! Aber nutzlos verkamen die mächtigen Kräfte, verkamen unnatürlich, gesetzwidrig, unwiederbringlich. Wer aber ist schuld daran?

Das ist es ja: wer ist schuld daran?‹«

TAG NEUN IM ZUG ——— 16. JULI. SAMSTAG

In der Nacht sind wir auf freier Strecke zwei Stunden stehengeblieben, und so rollen wir erst kurz nach Sonnenaufgang in Swerdlowsk ein. Wir springen nach draußen in die frühe Sonne. Der Beton auf dem Bahnsteig war gesprengt worden, und zwischen den Ölflecken gibt es nasse Stellen. Beim Morgenlauf die Waggons entlang kommen wir an dem Chef des Zuges vorbei. Er hat uns den Rücken zugedreht und hantiert mit einem Feldtelefon vor so einer zugeklappten Steckdose, die nur mit einem speziellen Schlüssel aufzuschließen ist. Als wir an ihm vorbeirennen, spricht er gerade meinen Namen in das Telefon.

Ein paar Minuten später ruckt der Zug an. Die Matrioschka winkt aufgeregt mit ihrem gelben Stab, aber wir zeigen auf den Speisewagen und klettern da die steilen Stufen hoch und bestellen Tee und Brot und Marmelade.

So gegen halb acht Moskauer Zeit fahren wir in den Ural ein. Der Chef des Zuges setzt sich an unseren Tisch und sagt: »Jetzt kommt Europa, haben Sie nur etwas Geduld, aber bei Kilometer 1777 kommt auf der linken Seite ein hoher weißer Stein, Sie werden schon sehen, und das ist der Grenzstein zwischen Asien und Europa.«

Wir pressen uns ganz nah an das Fenster, weil wir nach vorne sehen wollen, und dann saust oben über einer Böschung der weiße Stein an uns vorbei.

»Wissen Sie«, sagt der Chef des Zuges, »ich bin oft sehr

verblüfft, was der Zufall alles tun kann für uns in unserem Leben ... Gestern haben wir alle einen schönen Abend verbracht, aber Sie haben mir trotzdem nicht gesagt, daß Sie ein Künstler sind ... Noch dazu einer, der bei uns in hohem Ansehen steht. Ich habe Sie für einen von diesen ausländischen Korrespondenten gehalten, weil ich Sie immer in Ihrem Abteil sitzen sehe und Sie da auf Ihrer winzigen Schreibmaschine herumklappern, obgleich die ja lautlos geht, und man gar kein Klappern hört, aber ... Nun, Sie verschweigen mir, daß Sie ein Künstler sind, und da muß ich doch tatsächlich in mein Dienstabteil gehen und den Zufall walten lassen, denn in der SOWJETSKAJA ROSSIJA von gestern ist ein Bild von Ihnen drin, zusammen mit so einem Engländer, und auf diese Weise habe ich erfahren, daß Sie in einem von unseren Filmen mitgespielt haben, und der hieß wohl DAS ROTE ZELT. Oh, was war das nur für ein wunderbarer Film!«

Später läßt er uns allein, und Luv sagt: »Das kann doch gar nicht sein! Da war nie im Leben ein Bild von dir in dieser Zeitung gestern, und was der über dich weiß, das hat er heute morgen am Telefon gehört. Denn erst hat er dich anzeigen wollen, weil du auf dieser kleinen Maschine schreibst, und dann haben die ihm erzählt, wer du bist.«

»Ja«, sage ich, »und wenn du hier länger bleibst in diesem Land, dann kannst du eine ganz schöne Paranoia entwikkeln. Ich weiß noch, wir waren mit dem Drehen fertig, hier in Moskau, und dann sind Finchy und ich in Rom gewesen, und am nächsten Morgen kommt Finchy im Studio an und erzählt mir, daß ihn der KGB auch noch in Rom bespitzelt. Ernsthaft! Der KGB verfolge ihn bis nach Rom! Und das Ganze nur, weil da so ein Anhalter am Straßenrand gestanden hat, und der Fahrer von dem Produktionsauto hat den Kerl mitgenommen, und weil dem das Gesicht von Finchy so bekannt vorgekommen ist, hat er ihm ein Loch in den Bauch gefragt, und ich habe über eine Woche gebraucht, bis ich Finchy den Unsinn vom KGB in Rom endlich ausgeredet hatte.«

Luv sieht sich um. »Glaubst du, daß man auch in so einem Speisewagen abgehört wird?«

»Möglich. Aber ist doch egal.«

»Meinst du, daß man sich daran gewöhnen kann?«

»So ganz richtig nicht. Aber du arrangierst dich, verstehst du? Weil du ja weißt, daß du nicht auf ewig bleibst, und irgendwann ist der ganze Spuk zu Ende.«

»Wie meinst du das?«

»Du arrangierst dich eben, und die Russen haben sich schon lange arrangiert, verstehst du? Nimm nur mal das Beispiel von diesem Nikolaj, das war ein ganz junger Bursche, und der gehörte damals zu den Regie-Assistenten von Mischa Kalatozow, aber wir haben gleich am ersten Tag gesehen, daß der keinen blassen Schimmer hatte vom Filmemachen, und Finchy hat gesagt: ›Ich verwette meine Gage, aber wir haben es hier mit so einem Meisterspion vom KGB zu tun.‹ Von dem Tag an ist das sein Name gewesen: Nikki Masterspy, und Mario hat ihn auch ganz öffentlich immer so genannt. Wenn wir abends zum Essen gegangen sind, haben wir ihn oft mitgenommen und uns ganz unverblümt unterhalten. Das ist wie im Krieg, weißt du, wenn so eine Granate einschlägt, dann ist es besser, du liegst ganz dicht neben dem Einschlag, denn wenn du weiter weg bist, kriegst du leicht mal die ganzen Splitter ab.

Das ist lange Zeit so gegangen, und allmählich hat Nikki gelernt, daß man auch mal über sich selbst lachen sollte, und dann ist dieser kalte Winter gekommen, einer von diesen eisigen Wintern, du kennst das, wo der Schnee unter deinen Stiefeln so einen Lärm macht, als würdest du Metall zertreten, und da ist Nikki plötzlich erstarrt und hat gerufen: ›Halt! Mann! Keinen Schritt weiter! Du trittst ja auf meine Mikrofone!‹«

»Nicht schlecht«, sagt Luv. »Eins zu null für ihn.«

»Das kannst du wohl sagen, aber dann hat er eine Sache mit mir gemacht, und das war die Größte von allen. In so einer Gemäldegalerie auf dem Marx Prospekt hat es eine Ausstellung von Ikonen gegeben. Herrliche Bilder, zum Teil aus dem zwölften Jahrhundert. Stell dir das nur mal vor! Unglaublich schön! Der Leiter der Ausstellung hat uns jede einzelne Ikone erklärt, und am Schluß hab ich ihn gefragt, ob er mir nicht die eine oder andere Ikone verkaufen will. Darüber hat sich Nikki ziemlich aufgeregt, weil diese Heiligenbilder alle aus dem sowjetischen Staatsbesitz waren, aber das habe ich ja nicht wissen können, und da hat sich Nikki vor die Stirn geschlagen und hat gerufen: ›Oh, diese Kapitalisten! Es genügt nicht, daß sie sich solche Kunstwerke ansehen, nein, sie müssen gleich immer alles kaufen!‹

In der nächsten Nacht kam dann die große Überraschung, weil Nikki mich angerufen und gesagt hat, ich soll mal schnell rüberkommen in die Ausstellung, und da war schon alles abgeschlossen und dunkel, aber im Hinterzimmer hatten sie eine ganze Reihe von Ikonen aufgestellt, und der Leiter der Ausstellung hat gesagt, daß ich mir zwei davon aussuchen kann, aber er will nur Dollar. Ich habe eine Madonna genommen, weil die so ein schmales Gesicht hatte und um den Mund ein ganz befremdliches Lächeln, so ein Lächeln wie Aufgeben, falls du dir darunter etwas vorstellen kannst. Die andere Ikone war so eine Ansammlung von Miniaturen, und auf jeder Miniatur war ein anderes Ereignis dargestellt, von der Fußwaschung über das letzte Abendmahl bis hin zum Ölberg.

Das Bild war in Gold auf Holz gemalt, aber die Jesusfigur war ganz in Weiß gehalten, zart, fast transparent ist sie auf das Gold gesetzt worden, und wie diese Figur da von Miniatur zu Miniatur gesprungen ist, da hat sie bei aller Düsternis des Themas fast etwas Heiteres in dieses Bild gebracht.

Später haben sie mir die Ikonen in eine PRAWDA gewikkelt, und als wir durch die Nacht zum SOWJETSKAJA zurückgeschlendert sind, hat Nikki gesagt: ›Jetzt haben wir nur noch ein Problem zu lösen, und das ist die Ausfuhrgenehmigung des Ministeriums, verstehst du? So ein kleiner weißer Zettel ist das, abgestempelt, und der wird hinten auf die Ikone geklebt. Das Ding müssen wir haben, weil es ja strengstens verboten ist, Ikonen aus dem Land zu bringen, aber mach dir keine Sorgen, Nikki Masterspy macht alles, weil er sich ja auch nicht gerne in die Keller von diesem LJUBLJANKA sperren läßt.‹ Und dann hat er noch gesagt: ›Das LJUBLJANKA ist übrigens das höchste Gebäude in ganz Moskau, obgleich es kaum mehr als acht Stockwerke hoch ist, aber vom LJUBLJANKA aus kannst du schon ganz deutlich dein Lager in Sibirien sehen . . .‹

Also, jeder, der so eine Geschichte hört, kann sich vorstellen, wie ich die Ikonen unter meiner Matratze versteckt habe, und immer wieder habe ich Nikki nach der Genehmigung gefragt, aber die Wochen sind dahingegangen, eine Woche und noch 'ne Woche, aber die Genehmigung hat er nicht bekommen.

Nun ist es in der Sowjetunion so, daß sie dein Gepäck

nicht nur bei der Einreise durchwühlen, sondern auch wenn du abfliegst, und ich dachte mir, wenn's ganz schlimm kommt, dann läßt du die Ikonen einfach unter der Matratze liegen. Erstmal wischst du die Fingerabdrücke vom Holz, und dann läßt du die Ikonen unter der Matratze da in dem Hotel.

Schließlich kam dann unser letzter Tag in Moskau. Mario hatte noch was zu tun, und Finchy fuhr schon mal mit dem Schlafwagen los, weil er das Fliegen nie so richtig gern gehabt hat. Nikki sagte, daß er den weißen Zettel nicht hat besorgen können, aber ein Grund zur Sorge sei überhaupt nicht da, und ich soll die Ikonen bloß nicht unter der Matratze lassen, sondern in meinen Koffer tun, ganz offen oben drauf, denn das Ganze geht schon mit Sicherheit in Ordnung.

Dann kam mein Auto vorgefahren, und sonst hat Nikki meistens hinten drin gesessen, Nikki oder Natascha, aber an dem Morgen war von dem Jungen nichts zu sehen. Auf dem Rücksitz saß ein anderer Mann, ein breiter Kerl, den ich noch nie gesehen hatte. So ein Blonder mit gewellten Haaren und Pomadc drin. Aber das Schlimmste war, daß er nur Russisch konnte. Nicht ein Wort von einer anderen Sprache. Also Schweigen, den ganzen Weg bis nach VNUKOWO raus, und dann gab es da am Flughafen so eine dicke Frau vom Zoll, und als die wollte, daß ich meinen Koffer aufmachen soll, da hat der Mann neben mir in seine Tasche gegriffen und so einen Ausweis aufgeklappt. Ich sage dir, das muß ein toller Ausweis gewesen sein, denn die Frau ist richtig zusammengefahren vor Schreck. Dann hat der Kerl was zu ihr gesagt, und die Frau ist hinter einer Eisentür verschwunden und hat diese zwei Zettel geholt, verstehst du, diese Genehmigung, und da durfte ich zu dem Flugzeug gehen, aber ich sage dir, den ganzen Weg die Gangway hoch ist mir das Lachen von diesem Nikki durch den Kopf gedröhnt. Ich hab ihn da stehen sehen bei der MOSFILM, und wie er jetzt an mich denkt, und da habe ich sein Lachen hören können.«

BLICK AUS DEM FENSTER

Aus dem Lautsprecher kommt Marschmusik. Jeden Tag spielen sie Musik aus diesem Ding, das sich nicht abdrehen läßt. Musik und Nachrichten. Bloß, von den Nachrichten kannst du kaum ein Wort verstehen. Und daß sie Musik spielen, hörst du schon seit dem zweiten Tag nicht mehr.

Von dem Ural ist kaum was zu sehen gewesen. Den hast du dir ganz anders vorgestellt. Bergiger eigentlich, mit Felsen weiter oben. Aber das Ganze war nicht viel mehr als eine weite Senke. Mit Hügeln links und rechts von den Schienen. Der Chef des Zuges sagt, Berge gibt's im Ural weiter südlich, aber auch da sollen sie nicht sein, wie Berge eigentlich so sind.

Der Komsomolze da vorhin beim Mittagessen, das war ein ziemlich netter Kerl. Und wie begeistert der von diesem Schulsystem gesprochen hat. Sein Großvater ist noch einer aus dem unterdrückten Volk gewesen, ein kleiner Bauer, ein Sklave eigentlich vom Zaren, und sein ganzes Leben lang Analphabet. Heute aber ist das alles anders, sagt der Enkel. Sie haben ihm ein Stipendium gegeben auf dem Technikum, das er besucht. Das Technikum ist kostenlos, und dann geben sie ihm noch 55 Rubel monatlich. Bar auf die Hand. Weil er die Examen mit der Note ›Gut‹

abschließt. Von 55 Rubel kann man leben als Student, sagt er. Und falls er jemals ›Sehr gut‹ kriegen sollte, dann hätte er sogar 65 Rubel jeden Monat auf der Hand. Und das, sagt er, ist schon ganz schön grandios. Andererseits, die Kriterien sind auch ziemlich hoch da oben angesiedelt, und ›Sehr gut‹ ... nein, das wird er wohl so leicht nicht schaffen.

Erstaunlich, wie viele Lenin-Statuen es gibt. Vor jedem zweiten Bahnhof steht so eine und sieht genau wie alle anderen aus. Realistisch. Bürgerlich. Aber wenigstens haben Lenin-Denkmäler nicht dieses wilde Pathos, bei dem sich dir im Magen alles dreht. Denn denk doch nur mal, wie sie diese heldischen Frauen hier in Bronze gießen: Das Kinn ist bei allen immer markig. Und fordernd in den Wind gestreckt. Hoch oben vor den Brüsten halten sie Kalaschnikows, und ihre Brüste sind gewaltiger als alle Brüste, die es sonst an Statuen so gibt. Gigantisch. Monumental. Und von groben Tüchern eingehüllt, die bis auf den Boden fallen. An die stämmigen Beine dieser Mütter pressen sich die Kinder. Viele Kinder. Mit Kränzen im Haar. Und Sicheln in den Händen. Oder Weizengarben in den Armen.

Vor diesen Monumenten fühlst du dich in die Nazizeit zurückgeschickt. Wenn Kunst nur noch Zweck für Propaganda wird, dann ist ein Volk schon halb verloren. Du kannst es immer wieder sehen: Geschmack ist Diktatoren unserer Zeit anscheinend nicht gegeben.

Und wie prüde ihre Künstler sind. Das ist, als hätte im Kreml einer den Befehl gegeben: Eros kommt in unserer Kunst nicht vor! Und deshalb fehlt den Bildnissen auch jede Art von Leben. Max Frisch hat mal geschrieben: »Ohne Eros keine Kunst.«

In dem, was hier als Kunst gilt, kann es Eros gar nicht geben. Weil es den im Leben dieser Menschen auch kaum gibt. Denn das läßt schon die Prüderie nicht zu, die hier alles lähmt. Finchy hat das damals gleich gesagt. Weil er sich gewundert hat, daß es auf den Straßen keine Liebespaare gab. Junge Leute gibt es schon mal ab und zu, so wie überall, nebeneinander auf den Bürgersteigen, Hand in Hand. Oder manchmal auch auf einer Bank im Zoo. Mit Bier und Brot und vielen Zigaretten. Aber Liebespaare sind das nicht so recht. Kaum mal, daß ein Mädchen leise lacht, und in dem Lachen liegt dann auch kein großer Spaß an Koketterie. Kein Männerarm auf ihrer Schulter, und keine Fingerspitzen, die flüchtig über den Hals des Mädchens streichen. Nie ein Kuß, weil ja andere vorübergehen. Und beim Abschied abends vor der Metro keine Tränen in den Augen.

Nataschas Erklärung ist fast verlegen ausgefallen: Es liegt daran, daß wir nun mal so erzogen sind, und wenn wir lieben, dann ist das eine äußerst ernste Angelegenheit!

Finchy hat darüber ziemlich lachen müssen. Ernste Angelegenheit, hat er gesagt, das gilt wohl bei euch für alles, selbst fürs Lächeln, jedenfalls macht mein Fahrer immer dieses grimmige Gesicht, und als ich ihn gefragt habe, ob es ihm denn niemals nach einem freundlichen Lächeln zumute ist, wenn ich in sein Auto steige und ihm einen guten Morgen wünsche, denn immerhin kennen wir uns doch nun schon ein halbes Jahr, da hat er geantwortet: Ein Lächeln . . . Bedenken Sie doch . . . Ein Lächeln, das ist eine sehr ernste Angelegenheit!

Die Erklärung von Nikki Masterspy ist ziemlich anders ausgefallen: »Diese ›Unerotik‹, die ihr da beklagt, hat große Vorteile für unser Volk, denn alles, was bei solchen flüchtigen Liebeleien herauskommt, ist ein verwirrter Kopf, und verwirrte Köpfe sind nun einmal schlechte Studenten. Bei euch im Westen werden die Jugendlichen bereits sehr früh zur Sexualität angeregt, dafür sorgt ihr schon mit euren Filmen und den Zeitschriften, und ich weiß nicht, ob ihr uns das wirklich zur Nachahmung empfehlen wollt. Derartiges lenkt bekanntlich von geistiger Konzentration ab, und da wir Ähnliches nicht zulassen, haben wir einen hohen Grad an geistiger Intensität in unseren Schulen aufzuweisen. Ich will euch auch nicht verhehlen, Freunde, daß bei uns der Staat aus einem ganz klaren Verantwortungsbewußtsein heraus diese unerotische Atmosphäre fördert.«

VERBOTENE STADT

In der Nacht kommen wir nach Gorkij und schlendern in kleinen Kreisen über den Bahnsteig hin. Silbriger Nebel schluckt das Licht der großen Lampen. Weiter hinten klettern zwei Männer aus dem Zug. Dann schlurfen sie gähnend an uns vorbei. Danach ist es wieder still.

»Kommen Sie doch lieber rein«, sagt die Matrioschka. »Es gibt doch gar nichts zu sehen . . .«

»Sie müssen wissen«, sage ich, »meine Frau ist hier geboren. Die Eltern waren gute Russen, und jetzt sind sie fast ganz gute Amerikaner.«

»Tatsächlich?«

Luv sieht zu den großen Lampen hoch. »Hör auf . . .«

»Ja«, sage ich. »Wir sind beide hier geboren, und es wäre schön, wenn die Stadt noch lange leben würde.«

»Wie kommt es denn, daß Sie in Gorkij geboren sind?«

»Weiß auch nicht, wie das kommt, aber die Menschen von Gorkij sind besonders sanftmütig und haben einen guten Charakter.«

Luv steckt ihren Kopf unter meinen Arm. »Hör bloß auf mit diesem Unsinn . . . bitte.«

»Was hat Ihre Frau gesagt?« will die Matrioschka wissen.

»Wie meinen Sie?«

»Ihre Frau . . . Ich habe sie gar nicht verstehen können.«

»Das ist wahr«, sage ich. »Manchmal kann ich meine Frau auch gar nicht verstehen.«

»Ach so«, sagt die Matrioschka. »So haben Sie das gemeint . . .«

»Jetzt geht sie weg«, sagt Luv. »Der Nebel hat sie gleich verschluckt. Ich glaube, sie hat nicht viel Humor.«

Wir machen noch zwei Vollkreise über den Bahnsteig, und dann ist die Matrioschka wieder da und bringt den Chef des Zuges mit.

»Na?« sagt er. »Kleiner Spaziergang in der Nacht? Die anderen Fahrgäste schlafen schon seit Stunden. Sehen Sie nur, wie dunkel alle Fenster sind.«

»Wir haben eigentlich hier aussteigen wollen«, sagt Luv. »Gorkij soll eine besonders schöne Stadt sein, und wir haben in dem sowjetischen Reisebüro auch gesagt, daß wir Genehmigung für Gorkij haben möchten, aber die Regierung in Moskau hat das abgelehnt.«

»Tatsächlich?« sagt der Chef des Zuges.

»Gorkij ist eine verbotene Stadt«, sage ich. »Jedenfalls für Ausländer. Sie werden das sicher wissen.«

Der Chef sieht zu der Matrioschka hin. »Ja, das kann schon sein.«

»Wegen Sacharow wahrscheinlich.«

»Na so etwas! Ich hätte das ja nie geglaubt . . .« Das Licht der Lampe malt seine Augen dunkelblau. »Der Name unseres Sacharow ist Ihnen geläufig.«

»Sie werden sich das vielleicht nicht vorstellen können«, sagt Luv. »Aber dieser Name ist der ganzen Welt geläufig.«

»Ist das denn wirklich möglich?«

»Ja. Und deshalb ist die Stadt wohl auch für uns verboten.«

»Glauben Sie?«

»Ganz sicher. Weil Sacharow doch im Exil da lebt.«

»Dieser Professor Sacharow«, sagt der Chef des Zuges, »wissen Sie, ich habe immer eine große Hochachtung vor ihm gehabt, aber es ist bedauerlich, daß er sich entschieden hat, diese Frau zu heiraten. Wie heißt sie doch gleich . . . Ach ja, Bonner . . . Und das muß der reinste Satan sein, denn, wenn man bedenkt, dieses Genie . . . und er verfällt einer solchen Frau mit ihren hochverräterischen Ansichten! Oh, es muß schmerzlich sein, wenn ein großer Mann so aus dem Gleichgewicht gerät.«

Wir sagen nichts, und der Mann steht eine Weile in dem Schweigen. Dann hält er seine Taschenuhr ins Licht der Bahnhofslampe.

»Es wird Zeit«, sagt er. »Ich werde wohl besser mal nach meinen Leuten sehen.« Bei seiner Wanderung den Zug entlang drehen sich die Nebel um den Mann.

Luv sieht ihm nach. »Glaubst du, der macht uns was vor? Oder kann es sein, daß er mit seinem Leben ganz zufrieden ist?«

»Der Mann ist ein Patriot. Einer unter ein paar hundert Millionen, die das Leben so ansehen wie er. Die Russen sind schon immer Patrioten gewesen, aber der Zweite Weltkrieg hat dafür gesorgt, daß diese Liebe zu ihrem Land ganz tief geworden ist und durch nichts erschüttert werden kann. Eine Rebellion wie in Polen ist hier nicht denkbar. Wenn die Regierung in Warschau das Fleisch teurer macht und den Wodka rationiert, dann gibt's da einen Volksaufstand, und den können sie nur mit Panzern niederwalzen, aber unter Russen ist so eine Rebellion nicht denkbar. Diese russischen Patrioten würden nie gegen das System rebellieren, bloß weil sie materielle Sorgen haben. Oder unerfüllte Träume. Da müßte es schon ganz dicke kommen. Sagen wir mal, die Regierung würde sich in eine Politik andauernder Katastrophen verfangen. Dann ja. Dann würden sie sich zusammenrotten. Aber nur, weil ihr Nationalstolz verletzt ist, und weil das große russische Reich nicht zerbrechen darf.«

»Möglich, daß es so ist, aber was wird denn eines Tages aus dieser Aggression, die sich in den Russen angestaut hat? Überall kannst du das sehen, wie unleidlich die Menschen hier sind. Und auch schnell aufgebracht. Nicht alle, das ist klar, aber ich habe eine ganze Menge Leute gesehen, die keine Geduld mit dem anderen haben. In den Geschäften ist es besonders schlimm, weil die Leute da lange anstehen, und wenn sie endlich drankommen, gibt's nichts mehr, und was soll so eine Frau denn zu Hause ihren Kindern vorsetzen? Im Lauf der Jahre schafft das Wut in dir, das ist doch ganz verständlich, und dann läßt du deine Wut eben an den anderen aus. Du hast doch gesehen, wie die Kellnerinnen sich gegenseitig anschreien, in jedem Hotel, immer wieder, und wenn sich so ein Russe an einen Tisch setzen will, dann wird er im ganzen Restaurant herumgeschubst, und er muß fast 'ne Stunde warten, bis sich so eine Kellnerin endlich bequemt, sich um den Mann zu kümmern. Wenn das schon so ist, daß ein Fremder das miterleben kann, dann frage ich mich, wie es wohl in den Fabriken zugeht oder auf den Ämtern.«

Sie horcht auf das Schweigen der Nacht. Vielleicht wartet sie auch, daß ich etwas sage. Als sie sich eine Strähne aus der Stirn wischt, ist ihre Hand ganz naß vom Nebel.

»Du mußt nicht denken, daß ich mir die Sache nur von der einen Seite ansehe«, sagt sie dann. »Ganz und gar nicht. Ich weiß sehr gut, wie hektisch das Leben in manchen Ländern geworden ist, und ich sage dir, das ist ganz schön schlimm, wie unfreundlich die Leute in Paris miteinander umgehen, oder wie fanatisch die Deutschen sich auf ihren Autobahnen benehmen. Manchmal denke ich, die Ablehnung von Mensch zu Mensch ist etwas, das sich in unsere Zeit geschlichen hat, aber ich sage dir, hier ist das besonders schlimm, und ich glaube, das kommt auch von der ständigen Bedrohung. Von der Angst. Der Staat ist eben immer da. Allgegenwärtig. Wie bei George Orwell ist das. Wirklich. Und die Männer da im Kreml, die wollen nur eine Sache von ihren Russen, und das ist Gehorsam. Auf Vertrauen legen die gar keinen Wert. Und von Liebe wollen wir gar nicht erst reden. Aber ich sage dir, wenn die ihren Zynismus nicht bald mal aufgeben, dann wird das für diese Natschalniki nicht ewig so weitergehen, denn ohne die Liebe des Volkes hat auf Ewigkeit noch keiner regieren können, und jeder, der seine Geschichtsbücher richtig liest, weiß das auch schon lange, und wenn dir das Wort ›Liebe‹ in dem Zusammenhang als Wort zu groß ist, dann kannst du es von mir aus durch ›Zuneigung‹ ersetzen, aber es bleibt genauso wichtig.«

Wir stehen noch eine Weile in der Nacht, und dann sagt

sie: »Komm, laß uns wieder reingehen ins Abteil. Ich finde zwar den Geschmack von deinem Whisky scheußlich, aber falls du jetzt auf die Idee kommen solltest, mir einen anzubieten, fände ich das sehr nett von dir.«

Dann hocken wir mit unseren Bechern auf den Betten und sehen zu, wie die Lichter von Gorkij kleiner werden.

»Wenn es Leute gibt, die das System hassen . . .«, sagt Luv leise. »Wie lange dauert so ein Haß wohl an?«

»Bis zum Ende«, sage ich. »Bis so ein Mensch stirbt. Aber vorher hat sich der Mensch an seinen Haß gewöhnt. Wenn er dann stirbt, ist es nicht mehr ganz dasselbe.«

»Ich frage mich oft . . . Sieh mal, wenn wir im Westen von Dissidenten hören, dann sind das immer wichtige Persönlichkeiten. Wissenschaftler oder Dichter. Einmal war es auch ein General. Weißt du, ich frage mich oft, ob es auch kleine Leute gibt, die den Bolschewismus irgendwie bekämpfen.«

»Bekämpfen? Das weiß ich nicht. Weil du das ja gleich Selbstmord nennen kannst, wenn du losgehst und in einem Polizeistaat das Regime bekämpfst. Aber Gegner gibt es schon, auch unter den kleinen Leuten. In Moskau kenne ich ein paar davon. Sie sind dagegen. Aber sie schweigen. Und die Qual, in der sie leben, durchsetzen sie mit ihren Träumen. An der düsteren Wirklichkeit ändert das zwar nichts, aber weil du es für dein Leben brauchst, schaffst du dir in diesem Meer von Düsternis ein paar Inseln, und das sind die Inseln des Positiven, weil es ja selbst unter der grausamsten Diktatur ein paar positive Dinge gibt, und dann sagst du dir: Na, immerhin hat diese starke Hand des Staates auch ihr Gutes, und dann zählst du an den Fingern ab: Keine Arbeitslosigkeit. Jugendkriminalität ist kaum der Rede wert. Mord und Totschlag kommt so gut wie niemals vor. Ein wenig Eigentum wie Datscha oder Auto ist wieder von oben her erlaubt. Rauschgift ist in diesem Lande kein Problem. In den Ferien fährst du auf die Krim. Und wenn du alt bist, gibt es Rente.«

»Und das genügt?«

»Ja. Du gaukelst dir was vor. Und dann kommst du mit dem Staat auch aus. Allerdings . . .«

»Allerdings?«

»Es gibt eine ganze Menge Leute, die nicht schweigen wollen. Sie schreiben ihre Klagen auf, und oft sind das auch Gedichte, und die laufen dann durchs ganze Land. Willst du hören, wie so ein Gedicht geht?«

Sie nickt.

»Ein Lumpenkerl sollte man sein.
Denn die sind immer froh und satt.
Und auch recht gut gekleidet.
Haben Rubelchen und Mädchen.
Immer.
Und gehen mit der Zeit.
Alles sonst ändert sich in diesen Tagen.
Rasch.
Aber der Lumpenkerl,
der ist immer obenauf.
Er singt dir das Lied vom Mais.
Heute.
Und von den Steckrüben.
Morgen.
Darum gibt's auch bei uns beides nicht,
Weder den Mais,
Noch die Rüben.
Ein Lumpenkerl sollte man sein.
Doch von all denen ist der Geldfälscher

Noch harmlos zu nennen.
Denn es ist ja nur Geld, was er da fälscht.
Die anderen aber,
Die fälschen die höchsten Werte:
Heimatliebe.
Und Menschenliebe.
Wahrheit.
Und Demokratie.
Liebe.
Und Brot.«

LETZTER TAG IM ZUG UND MARKT DER KLEINEN VÖGEL ——— 17. JULI. SONNTAG

MOSKAU. JAROSLAWL-STATION

Gegen elf Uhr fährt der Zug ganz langsam in den Bahnhof ein.

Der Bahnsteig ist hoch über den Schienen und hat kein Dach. Hinter den Schienen stehen ein paar unansehnliche Häuser. Sie haben dem Bahnsteig die Seiten mit den winzigen Fenstern und den schwarzen Röhren zugekehrt. Der Himmel fängt nicht gleich über den Häusern an. Erst kommen Hitzewellen, die auf den Dächern tanzen, und dann, ein ganzes Stück weiter oben, fängt schließlich der Himmel an mit seinem wäßrigen Blau.

Menschen stehen in dicken Trauben auf dem Bahnsteig und fragen, wie denn so die Reise war, und die Angekommenen sagen, daß es eine gute Reise gewesen ist, aber jetzt sind sie froh, daß sie wieder zu Hause sind, denn da ist es doch am schönsten. In der ganzen Welt ist das so, die Leute sagen sich auf Bahnhöfen immer dasselbe.

Luv zwängt sich vor mir durch die Menschenmassen. Es ist Sonntag, und alle haben ihre guten Sachen an. Die Frauen heben Kinder zu sich hoch und machen viel Geschrei. Neben einem Brunnen für Trinkwasser küssen sich zwei Männer, erst auf die eine Backe, dann auf die andere, und dann geben sie sich einen dicken Schmatz auf den Mund.

Hinter dem Bahnsteig fängt ein breiter Platz an. Auf dem Platz sind Autos abgestellt, und Luv geht über den Platz zur Straße hin. Es macht mir Spaß, hinter ihr her zu gehen, weil sie diesen aufrechten Gang hat, mit geraden Schultern, und weil sie so unbekümmert wirkt. Ich sage mir, daß ich sie zu meinen Freunden bringen werde, und zum Bolschoi. Vielleicht tanzen sie GISELLE. Ich denke, daß wir auch mal zu den Kirchen rausfahren, nach Sagorsk. Wenn wir bei den Freunden sind, dann fragen die bestimmt nach Finchy. Und wie es bloß dazu gekommen ist, zu dieser letzten Stunde da in Beverly Hills. Das werden dann ganz sicher lange Nächte.

Weiter hinten an der Straße wartet ein Mann von INTOURIST und winkt.

Auf der Fahrt durch die Stadt kurbeln wir die Fenster runter. Der Mann fährt langsam, aber etwas Fahrtwind poltert doch um uns herum.

»Wenn's dir nichts ausmacht«, sagt Luv, »dann gehen wir morgen als erstes mal bei Lufthansa vorbei. Bin gespannt, ob Post bei denen für uns angekommen ist. Heute ist ja Sonntag, aber morgen früh gehn wir gleich mal hin.«

»Ist gut, Mädchen. Und dann können wir auch gleich fragen, ob sie in den nächsten Tagen noch zwei Plätze nach Hamburg für uns haben.«

Wir rumpeln über Kopfsteinpflaster. Die Straße folgt den Schienen einer Tram. Alles da draußen sieht noch genauso aus wie früher. Ein Stück weiter wird die Straße breit. In der Mitte trennt ein weißer Streifen eine Fahrspur von den anderen ab.

»Weißt du, was das ist, Luv?«

»Hab nicht die nebligste Idee.«

»Das ist die Fahrspur für die Privilegierten. Die muß immer frei bleiben, damit die Natschalniki da ungestört durchbrausen können.«

»Nicht möglich . . .«

»Doch«, sagt der Fahrer. »Ist möglich. Für Natschalniki.«

Vor einer Brücke hält eine Tram. Der Fahrer bleibt schon ein ganzes Stück vor der Haltestelle stehen. Die Leute kämpfen sich die paar Stufen zu den Wagen hoch, und einen Mann, der nicht schnell genug an die Griffe kommt, stoßen sie beiseite. Die letzten, die über die Straße kommen, lassen sich viel Zeit. Sie schlendern gemächlich auf die Tram zu, und das ist ein großer Spaß für die Leute, weil die Autos warten müssen. Als wir über die Brücke fahren, sage ich: »Wie das wohl wird, wenn wir erstmal die Treppe zu der Maschine hochklettern, und oben steht ›Lufthansa‹ dran?«

»Das wird herrlich«, sagt Luv. »Das wird wie plötzlich wieder zu Hause sein. Du fliegst noch über ein anderes Land, aber eigentlich bist du schon wieder bei dir zu Hause.«

Das Auto fährt jetzt um einen runden Platz herum, und ich überlege mir, ob ich diesen Platz schon mal gesehen habe. Das Pflaster ist ziemlich holprig, und wenn das Auto hin und her schwankt, werden wir aneinander geworfen.

»Hören Sie zu«, sage ich zu dem Fahrer, »das Hotel kann warten. Fahren Sie doch erstmal am MARKT DER KLEINEN VÖGEL vorbei.«

»Das darf eigentlich nicht sein«, sagt er, »und denen im Büro fällt das sicher auf, wenn ich Sie nicht auf dem geraden Weg im METROPOL abliefere.«

Ich blättere ein paar Rubel aus der Tasche und sage ihm, daß er sich bloß keine Sorgen machen soll.

Der Markt der kleinen Vögel ist hinter einer hohen Mauer aus Ziegelsteinen. Erst kommt ein Park, der nicht viel Raum einnimmt, aber schöne alte Bäume hat, und dann kommt die lange rote Mauer. Unter einem Baum liegt ein Mann und dreht eine leere Flasche hin und her, und das sieht wie die Nadel in einem grünen Kompaß aus. Wenn der Park aufhört, fängt die Mauer an. Sie streckt sich bis zur nächsten Ecke hin, und wer noch nie hier war, könnte denken, daß dahinter so ein Fabrikhof liegt, oder ein Gefängnis, und ich sage zu Luv: »Wenn du durch das Loch da hinten in der Mauer gehst, dann kriegst du's mit der Angst, weil du denkst, daß sie dich da zwar reinlassen und nie wieder raus, aber komm nur mit, du wirst es gleich merken.«

Wir laufen durch den langen Schatten in der Mauer, und als wir auf der anderen Seite wieder in den hellen Tag kommen, ist da dieser viereckige Platz, so an die hundert Meter lang nach jeder Seite, und zwischen den steilen Mauern kauern Tiere. Es sieht aus, als würde es in dem ganzen Hof nur Tiere geben, vorn sind die Tiere, und dahinter halten sich ein paar Menschen auf, aber dann kommt das andere Stück Mauer und dieser helle Himmel, und wenn du einmal um dich rumsiehst, gibt es eigentlich nur Tiere.

»Weißt du«, sage ich, »das ist ein ziemlich komischer Gedanke, daß Noah für seine Tiere auf der ganzen Welt nichts richtiges hat finden können, höchstens diesen Fabrikhof mitten drin in Moskau.«

Zwischen den Pflastersteinen wächst dürres Gras. Ein kleiner schwarzer Hund kaut an den Stengeln. Hinter dem Hund sitzt eine Frau, die ziemlich behäbig ist und wie eine Bäuerin aussieht. »Hier«, sagt die Frau zu Luv. »Kind von dieser Hundemutter . . . Wird auch mal so schön und groß. Kaufen Sie nur, weil Sie es nicht bereuen werden.« Neben der Frau sitzt eine Schäferhündin, und als die Frau ihr über den Kopf streicht, leckt sie der Frau die Hand.

»Sie hat auch viele Medaillen bekommen«, sagt die Frau. »Sehen Sie nur.« Dann nimmt sie ein Halsband aus ihrer Einkaufstasche und streift es der Hündin über den Kopf. An dem Halsband hängen so an die zehn, zwanzig bunte Plaketten.

»Wie ein General«, sage ich. »Sieht aus, wie ein russischer General mit seinen vielen Orden.«

Die Frau lacht. »Richtig«, sagt sie. »Ganz genauso wie ein General.«

Hinter der Frau steht ein alter Mann. Er hat beide Arme auf ein Brett gestützt und macht mit seinem Kopf eine Bewegung zu Luv hin, wie einer, der sagen will, nun komm schon her, mein schönes Kind, und sieh dir meine Ottern an, sieh sie dir doch bloß mal an in diesem Käfig hier, den Käfig hab ich selbst gemacht, und es sind kluge Ottern, weil sie das Holz durchzunagen verstehen, jeden zweiten Tag muß ich einen neuen Käfig für sie bauen, denn, wie gesagt, meine Ottern sind ganz schön schlau, aber für einen guten Preis würde ich mich doch von ihnen trennen wollen . . .

Neben der Kiste mit den Ottern liegt eine braune Ziege und döst in der Sonne, und dann kommen die Käfige mit den Kaninchen, und ein Mann, der Hühner verkaufen will, hat einen Eisenstab zwischen die Pflastersteine gerammt, und seine Hühner sind mit langen Leinen an dem Pflock festgebunden.

Das Erstaunliche an diesem Hof ist die Veränderung.

Ich sage zu Luv, daß sie sich doch bloß mal die Gesichter der Leute hier ansehen soll, weil das ganz andere Gesichter sind. Aufgemachte Gesichter, sage ich, und Luv will wissen, was das bedeuten soll, und als ich sage, nicht so verschlossen wie die Gesichter der Russen sonst, nicht so beladen, da sagt sie, ja, das ist richtig, es liegt an den Tieren, und ich bin froh, daß du mich hierher gebracht hast, aber es gibt auch einen jungen Mann da drüben, der sein Aquarium verkaufen will und deshalb ziemlich bedrückt aussieht, wahrscheinlich muß er zum Militär.

Weiter hinten gibt es etwas Schatten, weil die Leute da ein paar Zeltplanen an der Mauer festgezurrt haben. Unter den Zeltplanen hängen Käfige, die ganz winzig sind, und die du sonst nirgends sehen kannst, höchstens mal auf Fotos aus Shanghai.

Ich finde, daß das Schwanken des Zuges noch in meinen Beinen steckt, und als Luv in diese schattige Ecke rüberläuft und mit einem Mann spricht, der einen Papagei auf der Schulter hat, setze ich mich auf einen Stapel Kisten.

Später kommt unser Fahrer durch den Tunnel in der Mauer. »Sie fallen sofort auf«, sagt er. »Ihr Gesicht könnte zwar wie ein Gesicht von unsren Leuten sein, aber sonst sieht man Ihnen schon auf viele Meter an, daß Sie ein Fremder sind.«

Ich sage mir, daß es richtig gut tut, so in der Sonne zu sitzen und nichts tun zu müssen, obgleich das eine ziemlich ungewöhnliche Sache ist, wenn einer den ganzen Weg nach Moskau kommt, um mal nichts zu tun, und dann höre ich den Fahrer sagen: »Jetzt haben wir es. Jetzt hat sie eine Gans gekauft.« Sein Englisch ist etwas langsam, aber er ist mächtig stolz darauf. Ich frage ihn, wer denn um

Himmels willen eine Gans gekauft hat, und er sagt: »Die Frau, die mit Ihnen am Jaroslawl in mein Auto eingestiegen ist.«

Ich sehe zu Luv hin, wie sie aus dem Schatten der Zeltplanen hervor in das grelle Licht gelaufen kommt. Mit der weißen Gans und ihren braungebrannten Beinen sieht sie wie ein Bauernmädchen aus.

»Wie das wohl mit so einem Hotel in Moskau ist?« sage ich zu dem Fahrer. »Ob die wohl Gäste aufnehmen, die mit Gänsen reisen?«

»Das sollte man mal ausprobieren«, sagt Luv, »aber eigentlich habe ich die Gans doch nur für das kleine Mädchen da gekauft.«

»Vielleicht«, sagt der Fahrer. »Wenn Sie Freunde hier in Moskau haben . . . Die nehmen gerne mal so einen Braten, denn fett genug ist die ja wirklich.«

»Um Gottes willen«, sagt Luv. »Das geht auf keinen Fall! Diese dicke Trude hier kommt mir nicht in einen Topf. Ich habe es den ehemaligen Besitzern richtiggehend versprechen müssen, und außerdem ist das hier kein Viehmarkt, sondern eher was für Haustiere, wenn die eine neue Familie brauchen.« Dann sagt sie zu dem Fahrer, daß er doch mal mitkommen soll, um zu übersetzen, denn das kleine Mädchen steht da drüben bei den gläsernen Behältern mit den Fischen, und die Eltern haben ihr nie eine Gans geschenkt, obgleich die Kleine so was immer haben wollte, aber die Eltern sagen, du hast schon einen Teddybär, was brauchst du da bloß eine Gans?

Ich bleibe noch eine Weile auf der Kiste sitzen und sage mir, daß so eine Sache wie diese hier was für Finchy wäre, und dann höre ich den Vater von der Kleinen rufen: »Nein, nein, das Tier kommt auf keinen Fall zu uns, weil es in der Wohnung ja noch zwei andere Familien gibt, und außerdem haben wir nicht mal einen Balkon!«

Es ist jetzt richtig heiß auf dem Hof, weil du die Sonne von oben hast, und von unten geben die Steine ihre Hitze ab, und ich sitze auf meiner Kiste und sehe den Leuten zu, wie sie von allen Ecken angelaufen kommen und die Gans betasten und sagen, daß es eine Sache der Höflichkeit ist; denn wenn eine Ausländerin einem schon so ein Geschenk macht, dann darf man sie auch nicht vor den Kopf stoßen.

Ich spüre immer noch das Schwanken des Zuges in meinen Beinen, und dann sehe ich, wie Luv die Arme in die Luft wirft, und ein alter Mann wirft auch seine Arme in die Luft, und die anderen Leute stehen dabei und lachen. Ich sage mir, jetzt ist es gut, jetzt hat sie der Kleinen die Gans gegeben, und hör nur mal hin, wie die Leute lachen, aber nun wird es auch Zeit, daß wir nach Hause gehen.

Hardy Krüger
bei Blanvalet: